KB039184

4·16구술증언록 단원고 2학년 1반 제4권

그날을 말하다

지성 엄마 안명미

이 도서의 국립중앙도서관 출판예정도서목록(CIP)은 서지정보유통지원시스템 홈페이지(http://seoji.nl.go.kr)와
국가자료공동목록시스템(http://www.nl.go.kr/kolisnet)에서 이용하실 수 있습니다.
CIP제어번호: CIP2019007263

그날을 말하다

지성 엄마 안명미

4·16기억저장소 기획 편집
(사) 4·16세월호참사가족협의회 지원 협조

일러두기

1. 음절로 식별 가능한 소리를 들리는 대로 전사하는 것을 원칙으로 한다.

2. 의미를 파악하기 위해 추가 설명이 필요할 경우 [ ]로 표시한다.

3. 몸짓, 어조 등 비언어적 행위는 ( )로 표시한다.

4. 구술자가 말을 잇지 못해 말줄임표를 사용하는 경우 ……, …로 길고 짧음을 표시한다.

5. 비공개 영역은 〈비공개〉로 표시한다.

6. 비공개해야 하는 희생자 형제자매의 이름은 ○○, △△ 등의 도형기호로, 생존자의 이름은 A, B, C 등 알파
   벳 대문자로 표시한다.

7. 비공개해야 하는 제3자는 직분이나 소속, 성만 공개하고, 이름은 ××로 표시한다. 비공개해야 하는 숫자는
   자릿수에 상관없이 □로 표시하며, 지명은 □□로 표시한다.

4·16기억저장소에서는 세월호 참사 5주기를 맞아 구술증언 수집 사업의 결과물 일부를 100권의 책으로 발간하게 되었습니다. 이 사업은 2015년 6월부터 다양한 학문 분야 구술 연구자들의 자발적인 참여로 진행되어 왔으며, 세월호 참사를 좀 더 정확하고 다각적으로 기록하고 기억하고자 하는 노력의 일환으로 수행되었습니다.

　　2014년 참사 발생 이후, 참사 피해자들의 목격담과 경험은 안타깝게도 공식적인 국가기관과 언론의 기록 속에서 철저히 소외되거나 왜곡되었습니다. 그것은 세월호 참사가 우리에게 안긴 죽음과 고통의 충격만큼이나 우리 사회의 끔찍한 비극이었습니다. 따라서 사업을 진행하면서 세월호 참사 희생자 가족, 생존자, 생존자 가족, 어민, 잠수사, 활동가, 기자 등등, 참사의 초기 과정을 직접 경험한 분들의 증언을 우선적으로 수집했습니다. 구술자는 이 사업의 취지와 방식에 개인적으로 동의한 분 중에서 선정했으며, 참여 과정에 어떠한 금전적 보상이나 이익이 제공되지 않았습니다. 또한 구술증언 수집 사업을 진행하는 동안, 면담자는 연구자이자 참사를 겪은 공동체 시민으로서 최대한 윤리적이고자 노력했습니다.

구술자마다 매회 약 2시간씩 3회를 원칙으로 음성 녹취와 영상 촬영을 하는 방식으로 진행되었고, 증언의 일관성을 확보하기 위해 면담자는 큰 틀에서 공통 질문지를 사용했습니다. 공통 질문지의 내용은 참사와 구술자 간의 관계성에 따라 차이가 있지만, 유가족 구술의 경우 1회차 '참사 이전의 삶, 팽목항과 진도에서의 경험, 자녀에 대한 기억'을, 2회차 '참사 이후 투쟁과 공동체 활동 경험'을, 3회차 '참사 이후 개인 및 가족이 경험한 삶의 변화와 깨달음, 자녀의 현재적 의미'를 중심으로 했습니다. 이처럼 증언 내용은 참사 이전에서 시작해 참사 발생 당시의 경험과 이후의 변화 과정까지 폭넓게 수집했고, 면담자는 구술 채록 과정에서 구술자의 발화를 최대한 존중하고자 했으며, 무엇보다 각자의 특수한 경험과 다른 시각을 충실히 반영하고자 했습니다.

이 구술증언록의 발간을 위해, 채록된 음성 자료는 문서로 변환해 구술자와 함께 검토했고, 현재 시점에서 공개할 수 있는 영역과 할 수 없는 영역으로 구별했습니다. 따라서 책에 실린 내용은 모두 구술자로부터 공개를 허락받은 부분입니다. 비공개 영역은 추후 구술자의 동의를 받아 적절한 절차를 거쳐 추가로 공개될 수 있으리라 생각합니다.

이 구술증언록 100권에는 그동안 우리 사회에 왜곡되어 알려지거나 잘 알려지지 않았던, 참사 발생 직후 팽목항과 진도 혹은 바다에서의 초기 상황에 관한 중요한 증언이 포함되어 있습니다. 또한, 자녀를 잃는 잔인하고 애통한 상황을 겪으면서도 그 누구보다 강인한 정치적 주체로 성장할 수밖에 없었던 유가족의 마음과 경험을 구체적으로, 그리고 여러 각도에서 살펴볼 수 있습니다. 그외에도, 이 구술증언록은 2014년을 전후한 한국 사회의 여러 측면을 드러내는 귀중한 자료가 되리라고 생각합니다. 무엇보다 국내외의 많은 분이 이 책을 읽어, 장차 세월호 참사의 진상 규명과 역사 서술에 기여할 수 있기를 바랍니다.

구술증언 수집 사업이 진행되고, 책으로 출간되기까지 많은 분의 도움과 지지가 있었습니다. 이 지면을 빌려 부족하나마 감사의 말씀을 전하고자 합니다.

먼저 (사)4·16세월호참사가족협의회와 4·16기억저장소에 감사를 드립니다. 이분들의 신뢰와 적극적인 협조가 없었다면, 이 사업은 처음부터 시작할 수조차 없었을 것입니다. 또한 어려운 정치 환경 속에서도 사업의 취지에 공감해 재정 지원을 결정해 준 아름다운가게와 역사문제연구소에 감사드립니다. 두 단체 덕분에, 이 사업을 4년 동안 계속해 올 수 있었습니다. 그리고 구술증언록 100권의 발간에 동의하고, 바쁜 일정에도 출판 실무를 기꺼이 맡아주신 한울엠플러스(주)에도 감사를 드립니다. 이 외에도 많은 개인과 단체가 직간접적으로 많은 도움을 주시고 격려해 주셨습니다. 여기에 모두 밝히지 못하는 것을 죄송하게 생각합니다.

　말할 필요도 없이, 가장 크고 또 가슴 아픈 감사는 구술자 한 분한 분께 드리고자 합니다. 이 책이 발간될 수 있었던 것은, 무엇보다 용기를 내어 아픔과 고통의 기억을 다시 떠올리고 장시간 진심으로 이야기를 해주신 구술자가 있었기 때문입니다. 오랜 시간 이야기를 나누며 함께 공감하기도 했지만, 그 아픔과 고통을 어떻게 가늠할 수 있을까 싶습니다. 더 큰 도움이 되지 못함을 안타까워하며, 이 구술증언록 100권의 발간이 피해자분들에게 조금이라도 위로가 될 수 있기를 기원합니다.

2019년 4월

4·16기억저장소 구술팀 책임자
서울대학교 인류학과 교수 이현정

차례

지성 엄마 안명미

구술자 안명미는 단원고 2학년 1반 고 문지성의 엄마다. 지성이는 다섯 남매 중 네 번째 딸이었다. 남달리 예쁘고, 엉뚱한 매력이 있고, 반에서 인기인이었던 지성이는 스튜어디스가 꿈이었다. 참사 이후, 엄마는 아빠와 함께 4·16TV를 운영해 왔으며, 진상 규명 활동에 적극적으로 참여하고 있다.

안명미의 구술 면담은 2016년 6월 10일, 17일, 24일, 그리고 2019년 1월 22일, 4회에 걸쳐 총 6시간 49분 동안 진행되었다. 면담자는 박여리·김익한, 촬영자는 김솔·강재성이었다.

구술자 본인의 프라이버시나 제3자의 프라이버시를 보호해야 할 부분을 제외하고는 구술자의 발화를 있는 그대로 전사했다.

1회차

2016년 6월 10일

1
시작 인사말

면담자   본 구술증언은 4·16 사건에 대한 참여자들의 경험과 기억을 기록으로 남김으로써 이후 진상 규명 및 역사 기술에 기여하고자 합니다. 지금부터 안명미 씨의 증언을 시작하겠습니다. 오늘은 2016년 6월 10일이며, 장소는 안산시 세승빌라입니다. 면담자는 박여리이며, 촬영자는 김솔입니다.

2
구술 참여 동기

면담자   오늘은 4·16 이전부터 아까 말씀드렸다시피 당일까지의 내용을 여쭤보려고 하는데, 그냥 생각나시는 대로 편하게 말씀해 주시면 돼요. 저희가 답을 원하고 그런 건 절대 아니기 때문에 편하게 해주시면 되는데, 먼저 이 구술 사업을 어떻게 알게 되신 거예요? 어떻게 참여하시게 되셨어요?

지성 엄마   그냥 오며 가며 들었어요. 누구한테 들었는지 기억도 안 나요.

면담자   누군가 소개해 주셨나요?

지성 엄마   그냥 누군가가 와서 하자고, 아니 기억저장소에서 얼굴 보면 기억날 것 같애. 이거 한다고 "기록에 남겨서" 그런 이야기를, 그 딱 그 한마디가 마음에 들었어요. 이게 역사적으로 기록에 남겨야 돼서 해야 한다는 그 이야기를 내가 듣고, 기록한다는 거에 대해서는 찬성이거든요. 기록이 없으면, 이 말로만 해서 놔두면 남아 있지를 않으니까. 그래서 기록에 대해서는 나는 호의적으로 생각을 하고 있기 때문에 한다고 그랬죠, 그냥 한마디로(웃음). 뭐 앞뒤 생각 안 했어요. "그래요" 그러고 말았는데, 누구한테 대답했는지도 몰라. 그냥 누가 그냥 이래 하길래 어떤 작가님이었을 거야. 나한테 그걸 하자고 이야기하길래 "응, 그러세요" 그렇게 하고 지나갔던 것 같아요. 그리고 또 잊어버렸어.

면담자   워낙 바빠서 가지고….

지성 엄마   우리는 기억하는 게 별로 없어요. 이렇게 다음에 또 이야기하면 기억이 나지만, 내가 요새 하는 일이 이렇게 핸드폰에다가 이렇게 적어놔요, 뭐 스케줄이 있으면. 그렇지 않으면 잊어버리니까. 나 같은 경우는 청원 운동도 하고 간담회도 하러 돌아다니고, 미리 적어놓지 않으면 언제 하는지를 기억이 안 나니까. 요새 이 기억력이 정말 많이 떨어져서 그렇게…… 이건 내가 느낀 거니까.

면담자   그러면 구술이 앞으로 어떻게 쓰였으면 좋겠다, 이런 게 있으세요?

지성 엄마   기록해서 남기는 거는 그 후에 사람들이 보고 잊지 말자는 거잖아요. 나는 책으로, 이렇게 책으로 나오지 않나 이렇게 생각을 하거든요. 어떻게 쓰든 어쨌든 이 아이들이 역사적으로 남아서 그 사람들의 입에서 입으로 이렇게, 그래서 정말 다음 세대에 어떤 생명을 정말 존귀히 여기는 그런 자료이기를 바라는 거죠. 특별히 어떻게 쓰였으면 좋겠다라기보다는 저는 그냥 거기 기본, '우리 아이들이 그냥 이대로 묻혀버리는 게 아니라 절대로 이 사건이 아픈 사건이지만 잊혀지지 않으면, 생명을 존귀히 여기는 그 마음이 있지 않을까' 그런 생각에서, 그냥 그 정도로 생각을 했어요.

3
최근 근황

면담자　　합창단도 하시고 간담회도 다니시고, 또 4·16TV도 아버님과 함께 하시잖아요. 최근에 특별히 하신 활동이 있으셨는지.

지성 엄마　　최근에… 가장 최근에 합창단으로 가자면, 전교조들 모이는 데예요. 지금 27살 먹었더라고, 전교조가 모인 횟수가. 매년 크게 다 같이 전국적으로, 전국 대회지, 전국에서 오는 그 사람들 모이는 곳에 우리 합창단이 이렇게 초청이 돼서 갔는데, 이 사람들을 그 현장에 가서 본 순간 '다 깨어 있구나'라는 그런 느낌이 들더라고.

면담자　　어떤 측면에서?

지성 엄마　　그 이렇게 플래카드에 참교육이라는 그거를 이렇게 보는 순간, '아, 이 사람들은 정말 진정한 교육을 하라는 그런 외침인데, 어 나라에서 이렇게 몰라주고, 또 국민들이 또 그거를 알 권리를 나라에서 방해를 하고 있기 때문에 국민들도 너무 모르고, 참 이 사람들이 오랫동안 외로운 싸움을 해왔겠구나…' 사실 나도 잘 몰랐어요. 내가 이 일을, 내가 이 일이 터지기 전에는 전교조가 정말 전국에서 오는 어떤 좌익 단체 같은 느낌이…… 하도 그렇게 말을 뉴스에서 밀어붙이니까 그 정도밖에 몰랐어요. 그래서 그냥 정부에서 원하는 대로 하는 게 그게 원칙인 줄 알았지. 그런데 정말 그 사람들이 그렇게 깊이 있는 그 뜻을 내가 그거를 몰랐다, 이런 생각이 들어요. 거기 가서 우리가 합창을 했죠, 거기서. 그런데 거기서 우리, 상도 받았어요. 우리 세월호가 참교육상을 받았어. 그러니까 우리가 외치고, 교실을 외치고, 우리가 이 세월호의 진상규명을 외치는 이 자체가 그들이 볼 때 우리가 하고 있는 게 참교육이구나라고 그들이 판단을 해서 우리한테 주는 상이잖아요. 그래서 더욱 뜻깊었다라고……

우리가 단원고를 놔두게 한다고, 저도 처음에는 단원고를 놔두게 한다는 거에 대해서 아무런 생각이 없었어요. 그랬는데 '기억과 약속의 길', 이거를, 이렇게 프로그램을 하면서 내가 느낀 건 '아, 이 현장, 이 자체가 정말 이 생명들이 이렇게 죽어간 이거를 사람들한테 보여주는 것 자체가 가장 큰 교육이구나' 제가 그거를 느꼈어요. 그래서 그 사람들이 그거를 '우리가 외친 거를 이 사람들이 알아줬네' 이런 마음 있잖아요. 그래서 '아, 내가 잘하고 있구나. 우

지성 엄마 안명미

리가 생각하는 게 잘하고 있는 거구나. 그런데 가서 우리가 어떤 때는 세상 사람들이 말하는 이기적인 모습이 아닐까? 저 교실을 다른 학생들을 위해서 내놓으라고 내놓으라고 그렇게 말하는 게 정상이 아닐까?' 그런 생각도 어렴풋이 해보기도 했어요. 그런데 교실은 더 지을 수도 있는데, 얼마든지 지을 수도 있잖아요. 저 현장만큼은 어디 다른 데 가서 찾아볼 수가 없잖아. 내가 그래서 그쪽으로 마음이 이렇게 갔는데, 저 선생님들이 저런 말을 할 때는 '우리가 그래도 잘하고 있는 거구나', 어떤 우리의 생각을 어떻게 다지는, 그렇게 그분들이 우리를 응원하는 듯한 그 생각이 들더라고요.

합창은 그랬고, 간담회 그거는 우리가 가서 하는데 최근에는 교회에 가서 했어요. 애들이 네 명이나 갔지만, 몰랐어요 그분들은, 잘⋯ 우리가 외치는 것을. 그래서 우리는 그분들한테 우리가 간담회를 한 번 하게 해달라고 한 1년 전에 이야기를 했었죠. 그런데 교회 안에서 어떤 정치적인, 정치적인⋯ 정치적인 쪽으로 흘러가는 어떤 발언들은 원치 않았어요. 그래서 허락을 안 했는데, 한 1년이 지난 후에 "정말 당신들이 원하는 게 뭐냐"라는 거를 가지고 우리한테 왔죠. 그 당시에 우리를 그⋯ 노래로 위로해 주겠다고 했었어요.

면담자   교회 측에서요?

지성 엄마   사실 그때는 우리가 노래로 위로를 받을 상황이 아니었어요, 그때는. 우리는 위로를 원했던 게 아니라 "우리 말을 들어주라", 그런데 그걸 거절당했을 때 참 가슴 아팠죠. 내가 그랬죠, "노래는, 잠깐 가슴을 스쳐가는 그런 노래, 우리는 원하지 않는다. 나는 우리가 말하는 거를 당신들이 들어줬으면 좋겠다. 우리가 지금 왜 이렇게 외치고 있는가, 그거를 이야기하고 싶었는데 들어주지 않고 있다가 한 1년 후에 정말 당신들을 어떻게 위로를 했으면 하면 당신들이 위로를 받겠냐", 이런 취지를 가지고 왔지만 우리는 사실 아직도 위로를 받기를 원하지 않아요. 어떤 말로도 우리 위로 안 돼.

내가 느낀 거는, 이 사건을 통해서 느낀 거는, 누가 어떤 말해도 위로받을 수 있는 게 아니에요. 내가 애 장례식장에 이렇게 앉아 있는데 〈비공개〉 우리 조카 엄마가 우리 형님이죠. 그런데 나로서는 동서, 큰동서. 많은 말로 나를 위로를 해주었어요. 그런데 위로 안 돼. 그 상황에서 무슨 말을 해도 그게 무슨 하나도 귀에 남아 있지 않아요. 그냥 형님이 이야기하니까 들었을 뿐이에요. 그런데 그 당시에는 듣고 싶지 않았어요. 그거는 형님이니까 내가 들었을 뿐이에요. 그런데 조카가 돌아가려고 하면서 그러더라고. 우리 바로 또 위에 형님한테 "숙모, 무슨 말이라도 해서 저기 위로 좀 해줘요" 무슨… 그런데 내가 딱 거절했어. "아무 말도 하지 마라. 아무 말도 듣고 싶지 않다". 그때는 그게 냉정한 말이었지만 진심이었어요. 어떤 말도 나를 위로할 수 없는 그런 상황이었기 때문에 누군가 위로를 한다는 거는 지금도 그 위로받는 걸 원치 않는데, 그 당시로서는 진짜 그랬죠. 그분들이 교회에서 "뭘 가지고 당신들을 위로를 하면 좋겠냐"라는 그런 제목을, 질문을 갖고 우리한테 왔을 때, 우리는 "간담회를 한 번 열어주세요" 그래서 저희가 교회 에서 간담회를 열었죠. 우리가 그리고, 우리가 정말 이 나라와 이 나라의 모습과 언론의 모습과 교회의 모습, 이 세 가지를 제가 비 판을 했죠. 그리고 그 후에 끝나고 나서 다들 포옹을 하면서 "정말 미안하다, 몰랐다" 그랬어요. 그래서 저는 그거를 끝나고 난 뒤에 제 마음에 숙제를 하나 푼 것 같은 느낌이 들었어요. 너무 뿌듯했 어. 우린 그런 거였거든. 그게 생각이 났고.

그 외에 뭐 촬영 4·16TV에서 촬영하는 거는 청문회, 2차 청문 회 가서 도왔던 거. 어쩔 수 없이 [4·16]TV니까 그 증인들 옆에서 있어야 되고, 질문자들 위원들 옆에 있어야 되고, 기자들 옆에 있 어야 되고, 우리 입장에서는 또 유가족들을 지켜봐야, 렌즈로 유가 족들을 지켜봐야 되고, 한편으로는 이렇게 냉정하게 봐야 되는 게 있어요, 감정에 치우치지 않고 냉정하게. 그 자리에 가면 냉정하게 봐지더라고. 희한한데… 정말 목에 그것만 하면 이상하게 목에 이 렇게 날이 선다 그럴까… 어떨 때는 내가 카메라를 2층에[서 촬영하 고] 있어서 그랬나 봐. 카메라를 이렇게 2층으로 이렇게 설치하고 카메라를 내가 잡아야 될 때, 지성이 아빠가 카메라를 잡다가 힘들 면 나하고 체인지를 하잖아요. 그러면 지성 아빠는 컴퓨터를 보고, 우리는 너무 구식이래서 줄을, 카메라와 줄이 연결이 돼가지고, 우 리는 항상 그랬잖아요… 그러니까는 항상 이 줄과 카메라와 이 컴 퓨터가 잘 관리를 해야 돼. 안 그러면 중간에 빠져버리고 끊어져

버리고 이래서, 그래서 최소한 두 명은 필요하거든. 어떻게 보면 저는 한편으로는 뿌듯해요. '내가 그런 작업에 쓰이고 있구나…' 그 냥 앉아서 방청하는 것도 내 몫이기도 하지만 앞서 나가서 내가 이 일을 위해서 뭔가 쓰이고 있다는, 저도 그런 게 좀 내가 사는 것 같 은, 내가 살아 있는 것 같은 그런 느낌이 들거든요. 물론 힘들어요, 그런 거 하고 돌아오면. 정말 내가 한, 그 한 사흘 동안 그걸 하고 돌아오면 이틀이었나, 사흘이었나 헷갈리네… 지쳐. 한 일주일은 기력이 없어요. 하루 종일 거기 새벽에 나가서 저녁에 돌아오니까, 하루 종일 그 일에 매진을 하다 보면 지치더라고. 그래도 어쨌든 내가 필요하다는 곳에는 가서 도와주는 게 좋아. 요새는 제가 그 런… 그런 일을 하고 있어요.

4
안산에서의 삶

면담자   그러면 안산에는 언제부터 사시게 된 거예요?

지성 엄마   우리 지성이가 3학년 말에 왔어.

면담자   초등학교 3학년?

지성 엄마   응. 1월 달에 왔으니까, 그래서 방학을, 방학을 하고 그러고 왔어.

지성 엄마 안명미

면담자　　　왜 오시게 된 거예요?

지성 엄마　　아빠 직장을 이쪽으로 옮겼어요. 그래서 아빠 따라 (웃음) 아빠 따라 다녀야 되니까 우리가 아마 거기서 사는 게 다했다고 생각을 해요. 우리는 제주도에서 살았거든요? 그런데 그런 거 있더라고. 이렇게 내가 이 집에서 한 3년 살았다 그러면 거기서 이 정도 됐다 그러면 또 다른 집으로 이렇게 옮기고, 그런 것들이 이렇게 느껴지더라고. '내가 이 집에서 다했구나…' 그다음 집에 가서 '어, 이 집에서 다했네' 그렇듯이, 거기서도 사업을 했었는데 그 사업이 다됐어. 그리고 이렇게 이사 올 수 있는, 그런 어떤 이렇게 계기가 만들어지더라고요. 아빠가 눈도, 지성이 아빠가 눈이 안 좋아지면서 거기서 일을 접게 되고, 그러면서 올라와 자연스럽게 사업도 접었죠. 눈이 안 좋으면서 사업을 이렇게 놓으니까 그 사업도 자연스럽게 마감이 되고, 그러면서 여기에 또 올라올 수 있는 계기가 또 마련되더라고. 자연스럽게 올라와서 먼저 아빠가 먼저 올라왔고, 이이 부모님이 계셨거든. 그러니까 그래서 여기를 오게 됐고. 그 전에 우리 시어머니가 계신, 혼자 사셨던 집인데 우리 어머니가 이 집을 하나 줬어요.

면담자　　　안산에 있는?

지성 엄마　　응, 그러니까 계기가 그렇게 된 거야. 그런데 어머니가 돌아가셨어. 그리고, 돌아가시면서 집이 비어 있었어요. 그때 정말 참 감사한 게 이렇게 모든 거를 다 갖춰지는 거 있잖아요. 우

25
●
1회차

리가 들어오게끔 모든 게 다 집이 이렇게, 이렇게 뭐라 그래, 리모델링도 하고, 이렇게 해서 딱 마련이 되어 있는 데로 우리가 그냥 이렇게 들어오게 된 거… 자연스럽게 그렇게 오게 됐어요. 그러니까 우리 아이들은 별로 안 좋아했지.

면담자   그러니까요. 중간에 전학 와야 되니까….

지성 엄마   응, 우리 애들 싫어했어요. 너무 좁다, 길거리도 너무 좁다, 걸어 다니는 데가(웃음). 거기서 애들이 넓은 데서 살던 애들이 뛰어다니고 이렇게 놀던 애들이 너무 이렇게 규격이 되어 있는 데로만 다녀야 되고 너무 울퉁불퉁한 이 길거리 그 있잖아. 보도 (면담자 : 보도블록?) 보도블록인가? 그거 그거를 또 딛고 다녀야 되고 안 편한 거야, 애들이. 학교 가는 데도 꼬불꼬불 이렇게 들어가야 되고. 애들이 몇 년을 "엄마, 제주도로 다시 가자" 이랬어요. 그런데 우리는 그렇게 생각했지만 애네들은 싫어했어. 그래도 또 이렇게 삶이 여기서 와서 해야 된다고 그러면 여기 애들도 다 적응하고 다 이렇게 살았죠, 열심히 살았지. 거기 시골에서는 뭔가 느긋했다면 여기 와서는 애들도 어느 정도 크고 돈도 들어가고 이래서 열심히 살지 않으면 안 되는 그런 상황에 있었죠. 그래서 그냥 열심히 살다 보니 그 당시에 내가 처음 평안하다는 느낌이 들었거든. 나는 걱정이 없더라고. 뭔가 몇 년을 지나고 나서 적응 기간이 지나고 나서는 뭔가 편안… 이렇게만 살았으면 좋겠다라는 그런 느낌이 있을 때가 있었어. 그럴 때 사고가 난 거죠.

면담자   그러면 오셨을 때는 그냥 아이들 돌보시는 데 주력 하셨는지, 아니면 따로 또 직장에 다니셨어요?

지성 엄마   그랬죠. 애들 어떻게 하든지 키워야 되니까. 뭐라도 찾아봐야 되겠다, 그래서 정말 뭐 YWCA 가서 배웠어요. 산모 도 우미나 또는 요양 보호사 교육도 받아서 그 일을, 맨 마지막에는 요양 보호사 그 일을 하고 있었어.

면담자   그러면 혹시 그때에 하루 일과가 어땠는지 말씀해 주실 수 있으신가요? 아침에 몇 시에 일어나시고 주로?

지성 엄마   저는 새벽 예배를 가는 그게 일이었기 때문에 새벽 에 일어나서 제일 아침에… 그 당시는 오전에, 오전에 일을 하고 왔어요. 왜 그러냐면 내가 오전 오후 다 하니까 내 몸에 리듬이 깨 지더라고. 그래서 한, '안 되겠다, 그냥 어느 정도 조금은 하되 가정 을 돌봐야 되겠다'라는 생각으로 제가 오전만 가서 일을 하고 여유 를 좀 가졌죠. 좀 애들하고 많이 있었어요. 애들을 많이 봤어. 나는 돈 벌라고 동분서주 늦게까지 돌아다닌 것도 아니었고, 우리 애들 을 학원에 보내야 된다, 이런 걱정이 있었던 것도 아니고, 가고 싶 다면 보내고 가기 싫다면 안 보내는 정말 그것, 그거에 대해서는… 왜냐면 우리가 애가 다섯이잖아. 그런데 둘을 우리가 좀 띄엄띄엄 이거든요? 한 둘 하고 5년, 둘 하고 6년, 이런 텀이 있어요. 그런데 둘을 키워보니까 '내가 잔소리하고 공부하라고 이런다고 해서 내 마음대로 되는 게 아니구나'라는 걸 내가 깨달았지. 그래서 셋째 때

재는 프리하게 놔뒀어요. "말을 해라. 공부를 하고 싶으면 말을 해라, 학원을 다니고 싶으면 다니게끔 해주겠고, 다니기 싫다 그러면 안 다녀도 된다" 그랬어요. 그래서 애들하고 저녁을 꼭 같이 먹었어요. 온 가족이.

면담자　　시간이 맞았나 봐요, 그래도.

지성 엄마　　저녁에는 다 모였죠, 학원을 안 가니까(웃음). 우리 막내도 학원 다니는 걸, 그때 우리 막내도 학원 안 다녔어. 우리 아들은 자기는 학교에 있는 것도 힘들대. 오후 시간에는 그냥 쉬고 싶대요. 그런데 우리가 있어서 학원 다니는 애보다 한 개 틀리더라고. 우리는 "야, 그러면 안 가도 돼. 너는 학원 다니는 것보다 낫다" 이랬어요. 그리고 안 보냈어, 6년을 꼬박 안 보냈어. 그러니까 저녁[에] 아빠가 일찍 들어오지, 그러면 온 식구가 다 한 밥상에 앉아요. 우리 같은 집이 없었을 거야. (면담자 : 그렇죠) 우리 집은 한 밥상이 이렇게 있거든요? 그러면 여기에 좁아. 애들이 자꾸 크다 보니까 좁아지더라고. 몸 하나만 넣고 먹어야 되는 (웃음) 그런 때도 있었네요. 그래도 참 그 시간이 즐거웠던 것 같애. 만약에 내가 애들을 학원을 보냈다라고, [학원] 보내다가 [하늘나라에] 보냈다라고 하면 나 진짜 너무 힘들 것 같애. 그런데 비록 학원을 안 보냈지만 그 시간이 나한테 있었다는 거지, 함께 모여서 밥 먹는 시간… 그래서 우리 애들이 친구들이 오면 그런대요. 우리는 식구가 많다 보니까 국을 끓여도 크게 끓여야 되지. "야, 너네는 냄비가 진짜 다 크다"

(웃음) 이러고. 걔네들은 소가족인 거예요. 그러니까 조그만 냄비들에다 끓여도 가족이 충분히 먹을 수 있는… 그런데 우리는 가족이 많다 보니까 그렇게 끓이면 허전하니까 항상 뭐든지 많게 했죠. 그러니까 자연스럽게 냄비가 다 큰 것들만 나와 있지. 어떻게 보면 그런 시간을 가진 것에 대해서도 감사해요.

면담자   그럼 주말에도 이렇게 다 같이 놀러 가고 이런 게 있었나요? 주말에 보통 어떻게 지내셨어요?

지성 엄마   주말에는 우리 가끔 갔지 뭐, 가끔. 우리 지성이 아빠가 그런 거를 잘했어요. 우리가 제주도에 있을 때는 바람을 쐬고 싶으면 그냥 차 끌고 나가면, 다 이렇게 바람 쐬러 나가면 어디든지 갈 수 있는. 그런데 여기 안산에 와서 처음에 저희가 제일 답답했던 게 어디 갈 데가 없다는 거. 그런데 바다를 보고 싶다 그랬더니 대부도를 데리고 가주는데, 아 물이 바닷물이 아니야, 완전 흙탕물이지. 그래서 내가 안 간다고 그랬어. 정말 갈 데가 그렇게 없냐, 저게 무슨 바다냐. 어디 갈 데가 없더라고. 그래도 우리 자주 가지는 못했지만 내가 다른 사람한테 이렇게 어디 갔다 왔다고 말할 수 있을 정도로 가끔 애들 데리고 왔다 갔지만, 그런데 우리 애들은 나는 경치 좋아서 우리 둘이는 애들 끌고 다니는데 애들은 철없게 앉아 있고 핸드폰 하면서 정말 안타깝지(웃음). 좀 봐라 이러는데 당시에는 그랬던 것 같애. 그래도 괜찮았어요, 그 정도면. 지금 현대인들 바쁘게 사는 사람들보다는 잘하지 않았나. 나는 애들한테도 그 성적 강요하지 않았어요. 큰애들한테는 그랬지. 둘째부터는 내가 우리 둘째는 워낙 자유인이어 갖고 아무 데나 이렇게 덜썩, 덜썩 앉고 여자앤데… 뭐 학교 갔다 오면 꼭 집에만 오고, 무슨 집에 뭐 붙어 있나 엿 붙어 있나 싶을 정도로 집이 너무 좋대. 어디 안 가, 집에만 와. 얘, 희한하다 싶을 정도로. 걔한테도 그렇게 강요 안 했는데, 뭐 지 몫 다하더라고요. 그러는 거 보고 애들한테 그렇게 강요 안 했고. 그 세 번째, 네 번째, 내가 통지표를 가지고, 너무 공부를 못했으면, 아 스트레스받잖아 내가. 그래서 내가 어느 날 내가 그랬어. "야, 이렇게 못하면 엄마한테 가져오지 마(웃음), 엄마 스트레스받으니까. 딱 받아봤을 때 정말 엄마가 갖고 가면 엄마가 짜증 나겠다 싶으면 가져오지 마" 그랬더니 애들이 신나지, 가져오지 말라는데. 처음에는 안 가져오니까 좋잖아요. 그래도 갖다주고 싶은가 봐. 그런데 정말 애들이 잘할 때는 전화를 해요. 통지표 오기도 전에 시험 보고 "엄마, 나 이번에 시험 잘 봤는데 70점 이상은 맞을 것 같애" 이런 거. 그건 참 뭐랄까 재미있지. 뭔가 잘해서 엄마한테 보여주려고 하는구나. 어떻게 보면 효과도 봤어요. 닦달하지 않고 내가 통지표 검사 안 하니까 오히려 더 보여주고 싶고, 더 잘해서 이렇게 해주고 싶은 그런 생각을 가지고 있더라고. 좀 그런 면에서는 내가 좀 프리하게 놔뒀던 것 같애. 그건 잘한 것 같애. 너무 무관심한 엄마인지 모르겠지만, 그런다고 해서 걔들이 하루아침에 성적이 오를 수는 없잖아.

면담자　　　그러면 보통 세상 돌아가는 이야기나 입시 관련 정보 이런 거는 별로 관심이 없었어요? 입시나 이런 거는?

지성 엄마　　듣기는 듣죠, 이렇게.

면담자　　　어디서?

지성 엄마　　나는 TV에서 좀 많이 듣는 편이었어. 듣기는 듣지만 애들한테 이렇게 넌지시 이야기를 해줘요. 그런데 나는 우리 애들이 둘은 실업계 나왔고, 둘은 인문계 쪽이에요, 이렇게. 그래서 그거에 대해서 애들한테 목매지 않았어. 오히려 실업계 나온 애들이 너무 자유롭더라고. 우리 둘째 같은 경우는 실업계를 보냈거든? 자기는 어느 정도 상위권에 항상 노니까 선생님들이 잘해주고, 친구들이 잘해주고, 자기는 너무 좋은 학교를 다녔대. 그래서(웃음) 너무 행복한 학교를 다녔대. 그래서 나는, 애들이 거기서 자존감이 높아지더라고. 전에는 내가, 애들이 뒤꽁지 따라다니면서 자존감이 없게 낮아지는 그 모습이 있잖아요. 그런데 실업계를 보내놓으니까 애가 자존감이 높아지는 거야. 자기가 잘하니까 친구들도 잘해주고, 선생님들도 잘해주고 알아주고 이렇더라는 거지. 그래서 나는 그렇게 입시에 목매다는 사람도 아니고, 나는 소스만 조금씩 이렇게 이야기를 해줄 뿐이지, 그거에 대해서 뭐 하지 않아요. 첫애

때는 너무 이렇게 정보가 없어서 조금 다른 엄마에 비하면 정보가 조금 없었어. 내가 그때는 올라온 지 얼마 안 됐었고, 나도 여기서 정착하는 데 정신이 없었고, 빨리 뭐라도 배워서, 걔가 3학년이었거든요, 올라왔을 때 고3. 그러면 나는 나대로도 힘든 상황이었기 때문에 걔한테 뭔 정보를 못 줬어. 그거는 조금 그래도 이렇게 내가 폭넓게 가지고 있었으면 더 나은 길로 가지 않았을까 싶은데, 그래도 약간씩 기본으로 갖추고 있던 것만 이야기해 주고 그랬던 것뿐이었어요. 그때는 엄마로서 조금 부족한 면이 있었다, 그런 생각이 드는데, 그런 거예요. 지금, 그때는 그 생각했지만 지금 와서 생각해 보면 그런 것 뭔 소용 있나, 엄마들이나 그 뭐라 그래, 치맛바람? 세게 흔들고 다니는 그 엄마들이 무슨 소용이 있나… 애가 행복해야지, 애가 살아 있어야지, 내가 애 닦달을 해서 애가 불행하고 정말 원하는 점수 안 나와서 자살해 버린다든가 이렇다 그러면 그거 무슨 소용이 있겠나. 지금은 그래요. 지금은 그런 것에 대해서는 초월했다고 그럴까? 그런 거는 별거 아니라는 생각이 들어요.

6
지성이와 관련된 일화

면담자   그러면 지성이와 관련해서 같이 살면서 기억에 남는 일화 이런 게 떠오르신 게 있으세요?

지성 엄마 〈비공개〉 내가 간호사가 딱 애를 데려다주는데 그래 너도 나하고 살을려고 왔구나 그러고 내가 받아났거든요? 그런데 그 모습을 보고 우리 남편이 꽃집에, 꽃집에 문이 닫혀 있는… 뒤늦게 너무 늦게 봤나 봐. 그거를 두드려서 노란 장미 네 송이를 해다가 주더라고. 내가 너무 실망한 걸 보고 이 여자가 혹시… 그 당시에 뭐 누가 그런 비슷한 일이 있었나 봐요. 혹시 나쁜 마음먹지는 않을까, 이런 생각에 해다 줬더라고. 그런데 그때도 위로가 안 된 거야. 버리고 왔어(웃음). 그게 이, 상한 마음이, 그런 걸로 위로가 안 돼. 그 당시에도 그랬어요. 걔를 키우면서 어, 그 뭐라 그럴까 간섭을, 이건 종교적인 이야긴데… 하나님이 간섭을 하더라고, 이렇게. 애를 키우는데 저녁에 연년생이다 보니까 내가 너무 힘든 거야, 낮이고 밤이고 애한테 시달리니까. 그래서 나중에 TV에서 독일의 아이들은 밤에는 젖을 안 멕인다는 거를, 그거를 떼는 거를 한 일주일만 밤에 안 멕이면 떨어진대. 그래서 내가 그거를 시도를 했어, 시도를… 내가 밤에 그게 계속 울지 말라고… 그런데 안 멕였어. 그랬더니 먹이라고 그런, 그런 말씀을 하시더라고.

면담자 꿈에서요? 아니면….

지성 엄마 꿈에서. 근데 내가 그래도 말을 안 들었어. 너무 힘들었나 봐. 끊었어(웃음). 안타까우셨나 봐. 그 후로는 내가, 그 걔를 30, 우리 지성이가 36살 때 낳은 거였지. 그러니까 우리 셋째가 35살에 낳았고 바로 받았으니까, 36에 낳은 거야 걔를. 근데 내가 너무 힘드니까 애들을 놓고 교회를 간 거예요. 큰애들한테 보라고 하고. 큰애들이 뭐 그 정도는 보겠거니 하고 놓고 갔는데 어느 날 한겨울에 애를 유모차에다가 끌고 교회를 오는 거야. 애가 운다고. 그런데 밑에 담요 깔아져 있는 것도 아니고, 그냥 덜렁 그 유모차에다가 배냇저고리 하나 입은 애를 덜렁 데리고 눈보라가 치는 데를 거기를 뚫고 애를 끌고 오는데, 애가 얼마나 추우면 더 울잖아. 우는 소리가 나서 이렇게 교회 안에서 이렇게 돌아봤더니 가슴팍이 다 열려 있는… (한숨) 내가 너무 놀래가지고, 내가 옷을 벗어서 애를 가져다 안아… 그런 적도 있었고… 애가 언니들한테 죽을 뻔했지(웃음).

면담자 애들도 잘 몰라서….

지성 엄마 응, 애들도 몰랐던 거야. 또 한번은, 그보다 더 어릴 때였나 봐. 애들이… 나는 우리 집을 좀 이렇게 개방을 시켜놨어. 그래서 교회 와서 오는 애기들 다 우리 집에 가서 놀게 했어요. 그랬더니 얘네들[이] 이 방, 저 방으로 뛰어다니는데 애가 방바닥에 있으니까 애를, 그 제주도는 이렇게 벽장이 이렇게 높아. 이렇게 이 벽에 구멍을 뚫어서 벽장을 만드는 거거든. 거기에다가 이불을 쌓아놨는데 애를 그 이불에다 올려놓은 거야. 그러니까 애가 움직이잖아. 그러니까 거기서 떨어진 거야. 머리가 떨어졌는데 여기가 시퍼런 핏발이 팍 서 있는 거야, 이렇게. 애들이 데리고 왔어, 교회로. 또 그때 나는 교회에 가 있었어. 그때 열심히 교회 다니고 있을 때였으니까. 그래서 그때는 애 죽을 뻔했잖아, 또. 그래서 애를 안고 있는데 누가 애를 달라 그러는데 안 주고 내가 확 이랬어. (애를 뺏는 시늉) 지금 애가, 지금 애가 이런데, 그러니까 애가 엄마한테 가야만 산다는 이게 몸에 밴 거야, 우리 애가(웃음). 그러기도 했고… 집에서 또 집을 이사를 한 번 했어. 그런데 집이 그 공항하고, 좀 제주공항하고 가까워. 동네 그 옆이야. 그래 그 집이 더 그랬던 것 같애. 비행기가 확 달려가면 땅이 이렇게 움직이거든? 그런데 집이, 방바닥이 이렇게 소리가 나, 이렇게. 그 집이 이렇게, 그런 그 울림에, 근데 뭔가 이런 옛날 형광등, 갓 있는 형광등 아는지 모르겠네? 두 개짜리 달린 갓 있는 형광등인데 하필 내가 그 밑에다가 애를 눴네. 그게 수년 동안 흔들리다가 그게 탁 떨어진 거야. 나는 이쪽에 앉아 있고 애는 이쪽에 자고 있는데. 근데 딱 자고 있는데, 여기 이불 옆에 애 딱 빗겨서 여기 딱 떨어지는 거야. 다행이지, 애한테 떨어졌으면 어떻게 되었겠어. 그렇게 죽을 고비를 또 넘겼어.

그래서 5살쯤 됐나… 내가 학교를 갔어. 급식 당번이어서 1학년짜리 아이가 그때 있었기 때문에 급식 당번을 하러 갔는데, 애를 이모네 집에 보냈지. 그런데 이모네 집이 문이 닫혀 있었나 봐. 애가 다시 돌아온 거야. 그런데 내가 방을 잠가놓고 갔거든. 그때 다른 사람들이랑 살았기 때문에 돈도 없었는데 뭐 하려고 잠갔는지 몰라. 그 문들이 이렇게 유리문들이야. 이런 유리문이에요. (빌라 베란다 문 가리키면서) 그런데 애가 이 밑에는 합판이고, 위에가 유리야. 좀 들[덜] 높았나 봐, 큰 유리문. 애가 방을 들어가야 된다는 생각을 한 거야. 그 5살짜리가 무슨 생각을 했는지 희한하지. 신발장에서 내 높은 힐, 힐을 갖다가 유리를 두드려서 깼어! 지는 방에 들어가야 되니까(웃음).

면담자   되게 영리했네요.

지성 엄마   특이하지. 그래 가지고 지가 진짜 들어갈 만큼만 있는 거야. 나는 걔가 어떻게 들어갔는지 모르겠어. 이 정도만, 이 정도만 있는 거야. 그런데 애가 이렇게 들어가면서 이 목이 스치기도 할 만한데 애가 어떻게 들어갔는지 몰라. 그 안에는 유리가 깨지고, 뒤에는 유리가 깨진 조각들이 이렇게 있는데, (면담자 : 위험하게) 근데 내가 중간에 왔나, 그거 하다가 걱정돼서 왔나 그러는데 애가 그 속에 들어가서 있는 거야. 그 유리는 다 깨져 있고…(한숨). 그 후로는 내가 급식 당번을 안 가버렸어, 애 잡겠다 싶어 가지고. 그렇게 애가 죽을 고비를, 희한하게 그런 고비를 이렇게 많이 당해서 나는 얘는 참 오래 살겠다 생각을 했지. 그래서 그 당시에도 '내 딸은 아마 살아나올 거야' 이런 희망을 내가 가졌었지, 그 당시에. 정말 죽을지 몰랐지. 우리 아이는 그 정도까지, 그런 정말 죽음을 피해 다니는데 싶은 생각을 했었지. 그런데 그렇게 허망하게 갈 줄은 몰랐지, 다 커서… 그래, 우리 딸은 그, 달리기도 잘해. 달리기를, 맞아, 1학년 때도 선수였는데? 2학년 때, 2학년 때는 안 했지, 아마? 그 체육대회를 안 했었지? 안 했었던 것 같애. 1학년 때 달리기

선수였다는 것 같다 하더라고.

면담자　　　키도 좀 크고 날씬했죠?

지성 엄마　　　애가 지 아빠 쪽이라서 달리기 잘하고, 지 아빠가 달
리기를 잘해, 날씬하고. 나, 내 몸매 안 닮았어(웃음). 다행히도 제
아빠, 걔는 좀 이렇게 엄마 아빠의 좋은 점을, 이렇게 좋은 점만 쏙
빼간 거 있잖아요. 그런 조금 정말 특별한 스타일이었어. 걔는 언
니들하고 달리기도 절대 안 잡히는 애예요. 그러니까 걔는 뒤에서
쫓아오잖아, 그러면 다른 애들은 이렇게 원을 그려서 이렇게 도망
가잖아, 걔는 가서 탁 돌아버리잖아. 어떻게 그렇게 탁 돌을 수가
있는가 하면, 신기하게 그렇게 빨리 가면서도 그걸 탁 돌아. 아 저
놈 참 특이하고, 웃기다, 뭐라 할까 성격도 보통, 보통 애들 그러니
까 스타일은 아니었어. 그냥 특별히 생각, 뭐든지 이렇게 다른 사
람하고는 좀 다른 면을 볼 줄 아는?

7
지성이의 성격과 꿈

면담자　　　예를 들어…….

지성 엄마　　　우리는 다 이렇게 여기를 본다 하면 걔는 옆에를 본
다든가 좀 틀려요. 우리가 그냥 보통 평범하게 요 앞을 본다 하면
걔는 옆에를 볼 수 있는 그런 눈을 가져서, 내가 그래서 "아이고 너

는 좀 똑같이 봐라". 왜 그러냐면 나 엄마 입장에서는 세상에 나가서 살아야 되니까, 애를 나중에 밖에 나가서 살게 해야 되는데 남들하고 그냥 똑같이 행동하면 그냥 평안히 살 수 있잖아. 그런데 남들하고 달리 행동을 하면 요새는, 우리, 우리 때에도 그랬지만 조금 특이한 애들은 조금 우리가 싫어하는 경향이 있어서 난처하거나 이렇게 하면 우리가 싫어했잖아. 그런 생각을 내가 가지고 있었기 때문에 애를 이렇게 자꾸 똑같이 보고, 올라가지 말고, 막 이렇게 눌렀지. 그런데 어느 날 걔가 그러더라고, "엄마, 어떻게 사람이 똑같이 봐. 다른 데를 볼 수 있는 사람도 있어야 되는 거 아니야". 걔하고 이렇게 살면서 우리가 변했어. 쟤를 인정을 해줘야 된다는 걸, 저 아이의 저 개성을 인정을 해줘야 된다… 그래서 처음에는 걔를 갔다가 우리가 똑같이 끼워 맞추려고 그렇게 했다면 나중에는 걔를 인정하고 걔로 인해서 웃을 일도 많고… 그렇잖아, 우리는 다 요 생각만 하고 웃을 일이 아니라고 그러지만 애는 딴생각을 하고 이렇게 이야기를 하면 우리가 웃기잖아. 걔로 인해서 뭐라할까, 참 웃음도 많았어.

애가 워낙 예뻐서 그냥 쳐다보고 있어도 걔가 좋았지만, 내 딸이지만 쳐다보고 있으면 '어, 참 예쁘다', 제 아빠가 어느 날 자는데 이렇게 사진을 찍는 거야. 그래서 "자는 애를 사진을 왜 찍고 그래" 내가 그랬어. 그랬더니 "너무 이쁘잖아, 요놈이…"(웃음). 그러는 이야기도 했었네, 그 사람이. 우리 애 나오면 그 잠자던 사진, 그 사진을 이렇게 꺼내가지고 "이렇게 생겼어. 이렇게 생긴 애를 찾으면 돼" 그런 이야기도 했었죠. 그런데 그 사진 필요 없었어. 너무 아프게 나와서……(한숨).

면담자   스튜어디스가 되고 싶어 했다고… 왜 되고 싶어 했어요?

지성 엄마   얘가 연예인 쪽으로 사람들이 많이 이야기했어요. 얘는 꼭 연예인을 만들어라, 이렇게 주위에서… 그래서 오디션도 가서 되기도 하고, 잘하더라고. 그런데 거기서 이렇게 묶여 있는 기간이 너무 길더라고. 그래서 지가 그러더라고, 우리도, 우리가 그런 마인드가 생겼었잖아요, 애들을 자유롭게 정말 쟤네들이 원하는 행복한 삶을 살게 하자는 그런 마인드가 자연스럽게 우리가 애들을 기르면서 생긴 거잖아. 그런데 애가 너무 묶여 있는 거를 보고 우리가, 우리도 별로라고 생각을 했는데, 우리 딸이 "나 그거 별로 그렇게 하고 싶은 생각 없다" 그러더라고. 내가 그 스튜어디스를, 스튜디어스야, 스튜어디스야, 나 맨날 헷갈려… (면담자 : 스튜어디스) 스튜어디스. 그런데 그렇게 지가 그것도 해보고 싶대. 그, 맨날 그런 이야기를 하더라고. 지가 영어를 공부를 좀 많이 해서 애들을, 비행기를, '우리가 제주도를 왔다 갔다 하면서 비행기를 태워서 데리고 다녀서 그런가', 애가 그런 생각을 했어요. 그리고 내가 '이 인물이면' (웃음) 그런 생각도 했지, 그러니까 자신감이지. '이 인물에는 내 공부만 하면 나 얼마든지 될 수 있으니까 한번 그쪽에 도전을 해보겠다. 그리고 그거 해보고 안 되면 연예인 쪽으로도 해보지 뭐'. 걔는 꿈이 원래 아나운서도 하고 싶어 했던 애예요. 아나운서를 하고 싶어 했어. 아이고, 그래… 그런데 걔가 국어를 잘했거든, 국어를 잘했어. 그 희한하게 이해력 이런 것들이 좋았어. 그래서 그런 꿈도 꿨었고. 그런데 의상 디자이너도, 워낙 애가 또 옷, 옷 입는 거를 특이하게 입어요. 남들하고 똑같이 안 입어. 우리 애 조금 다른 사람하고 달리 생각한다 했잖아, 다른 애들은 하얀 그 양말을 신고 다닌다 하면 얘는 초록색도 신고 다니고, 분홍색도 신고 다니고, 남들이 다 사 가는 옷보다 안 사 가는 옷, 뭔가 나는 이 옷 감당할 수 있어, 뭐 이런. 그래서 그런 옷 사다가 입기도 하고… 자신감이 있었어요, 애가. 근데 걔가 졸업할 때, 그 초등학교 졸업할 때, 애들이 앨범에다가 한 장씩 다 하고 싶은 말 해갖고 끼워주잖아. 그런데 거기에 그렇게 쓰여 있더라고… 그런 말이 많이 쓰여 있더라고… "야, 너 자신감은 도대체 어디서 나오냐". 애가 초등학교 때부터 그 자신감이 있었어. 그런데 그중에 하나가 내가 그런 교육을 시켰거든. "너는 엄마가 계획해서 낳지는 않았다". 그건 애한테 섭섭하겠지. "그런데 하나님은 엄마한테 특별히 너를 선물해 주었어. 너는 더 크게 쓰임받을 거야". 내가 그 이야기를 걔한테 자주 해줬거든. 그래서 걔가 오히려 거꾸로 "나는 특별한 사람이야", 언니들한테 오히려 그렇게 말하는 애가 됐죠. 그래서 그랬나… 이 애가 가지고 있는 그 자신감이 있었어. 그런다고 해서 걔가 뭐 공부를 잘했냐, 그건 아니었는데도 불구하고 그 당시에도 자신감이 있었다는 거죠.

나는 우리 애들한테 이렇게 자신감을, 자신감이 있으면 애가 공부 아니고도 얼마든지 잘할 수 있는 쪽으로 지가 갈 수 있다는 그런 걸 가지고 있거든요. 나는 쭉 애들을 좀 기다리는 편이에요. 언젠가는 너는 각자 쓰임받는, 다 똑같은 애들이 아닌, 내가 어느 날 꿈을 꿨는데 애들이 이렇게 꽃을, 이렇게 내가 꽃병을 만들어서 이렇게, 교회에 이렇게 강대상에다가 탁 올리더라고. 그런데 이[게] 수국이에요. 꽃이 특이하더라고. 지금으로 말하면 보면 그게 뭔 꽃일까 그랬어. 나는 그 수국이 그런지를 몰랐거든? 그런데 꽃봉오리가 크면서 색깔이 다 다른 거야. 노란색, 빨간색, 파란색 이런 꽃이 있는 거예요, 같은 꽃인데. '저런 꽃이 다 있나', 내가 그랬는데 나중에 보니까 이 수국이 여러 색깔이 있더라고. 그래서 내가, 나는 '애들이 다 각자 개성대로 살겠구나…' 이런 생각을 가지고, 나는 좀 애들이 '분명히 언젠가는 다 나름, 다 각자 뭔가를 하면서 살겠다'라는 그런 생각을 하면서 기다렸죠, 애들을. 걔네 공부를 못해도 기다린 거야. '언젠가는 너는 뭔가 될 거야' 이런 거. 그니까 애들이 뭔가 해. 그니까 뭔가가 되더라고. 내가 다른 사람들이 보기에는 좀 공부 잘해가지고 일류 대학교 이런 거 아니더래도, 애들이 자기 있는 곳에서 자신감을 가지고 뭔가 이렇게 만들어가고 있다는 거는 나는 좀 보고 있었거든. 어쩌다가 거기까지 갔지? 말이?

8
4·16 이전 정치에 대한 관심

면담자　　편하게 말씀하시면 돼요. 그 아까 입시 관련된 정보는 TV에서 주로 보셨다고 하셨잖아요, 그러면 세상 돌아가는 다른 일들 있잖아요. 그런 것도 다 TV로 보셨어요?

지성 엄마　　네, 나는 주로 TV에서 공부를 했어요. 어디 가서 공부할 데가 없었어. 주로 TV에서 이렇게 보고 사람들 말을 이렇게 잘 귀담아들었지.

면담자　　관심은 있으신 편이었어요?

지성 엄마　　있었어, 애들 키우니까. 애들 키울 때만큼은 걔들한테 또 맞춰야 되니까 관심은 있었어요. '아, 이렇게 돌아가고 있구나. 남들은 이렇게 하고 있구나' 이런 거.

면담자　　혹시 정치나 경제 이야기도 관심이 많이 있으셨나요?

지성 엄마　　아니요. 전혀 관심 없었어요. 내 집안 경제도 힘든데 (웃음). 그런 거는 그냥 '정치인이나 알아서 할 일'이고 이렇게 생각을 할 때였어. 내가 그 대신 그거는 했어요. 내가, 내가 다른 거는 할 수 없지만 투표는 소신 있게, 내가 생각하는… 나는 좀 진보적인 쪽을 원하거든요. 그래서 소신 있는 내, 내 발언권은, 내 투표권은 내가 가져야 되겠다… 그래서 나는 투표 안 하는 사람들이 이상했어요. 정당한 내 권리인데 왜 그거를 안 하나, 나는 투표권은 꼭 했어요, 그거는. 내가 할 수 있는 건 그것밖에 없었어, 그 당시로서는. 내가 뭐 이렇게 보니까, 지금 보니까, 이렇게 아닌 거는 아니라고 말하는 이런 시민단체들이 있던데, 그 당시에는 몰랐어. 내가 제일로 궁금했던 사람들이 그 사람이었어. 처음 그분들이 우리 옆에 와서 도와주고 그랬을 때, '어머, 이 사람들 뭐지? 이 사람들은 언제부터 이렇게 깨어서 이런 활동을 했지? 대단한 사람들이네'. 그때 내가 알기 시작을 했어. 그 전에는 나 애기 키우느라 바쁘고, 살림하기 바빠서… 경제활동도 해야 되지, 그러다 보니까 그런 거에 관심을 가질 여유도 없었고 그랬어요. 다만 다녔던 게 내 가정, 또 교회 신앙생활, 딱 이거 두 가지 하고 다녔어. 그게 다라고 생각한 내, 나의 세계는 거기였고 딱 거기였어요.

9
수학여행 전날과 당일 상황

면담자   수학여행 가기 전에 관련돼서 이야기를 들으신 적이 있으세요? 지성이한테 직접 들었거나 학교로부터 들었거나 관련해서… 그때 제가 알기로는 배랑 비행기 중에서 선택하라는 이런 것도 있었고….

지성 엄마   네, 있었어요. 있었어.

면담자   받으셨어요?

지성 엄마 　　　온 것 같애. 나는 애들이 하도 많으니까, 그런 것들이 너무 많다 보니까 그런 거 처리하는 거 정말 귀찮거든. 그런데 봤던 것 같애. 그래서 나는 우리 딸이 그걸 물어본 적이 있었거든. "엄마, 배가, 나는 배 타고 가고 싶은데. 가서 그 불 번쩍번쩍하는, 그걸 뭐라 그래, 폭죽 이런 거 재미있다고 하는데, 그거 보고 싶은데" 그러더라고. 나도 찬성을 했어요. 왜 그러냐면 우리가 비행기만 타고 왔다 갔다 했잖아요. 그런데 나도 제주도에서나 만약에 내가 제주도를 간다고 하면 인천에서 배를 한번 타보고 싶었거든. 내가 타보고 싶었거든. 그래서 나도 찬성을 했어요. "그래, 그것도 추억이니까" 이렇게 찬성을 했고, 내[가] 제주도에 있을 때 청년들 학생들이 아침 새벽에 한 7시나 이쯤 되면 배에서 쫙 나와요. 우리가 제주도에 가면 저쪽 어디 저 어디 배달하다가 이렇게 내려오는 데가 있는데, 거기에 거기가 사라봉이라고 있어. 사라봉에서 이렇게 보면 이 아래가 다 보이거든, 배 선착장이. 거기서 이렇게 내려오면서 보면 아침에 배에서 나오는 청년들, 그 추억을 쌓으러 온 거잖아. 그[러]면 너무 이뻐 보이더라고. 그래서 그래 괜찮다고 생각을 했어요. 나는 또 그거에 대해서는, 남들은 그거에 대해서 화를 내던데, 나는 또 내가 안 해본 일이고 그래서 얘도 안 해본 일이기 때문에 찬성을 했지. 찬성을 하면, 나도 참 나에 대해서 화가 났지만 그럴 줄 몰랐으니까 찬성을 또 했고… 결과가 지금 이렇게 될 줄 누가 알았어.

면담자 　　　그럼 그거 말고 다른 공문 이런 거는 기억나시는 게 있으세요?

지성 엄마   다른 거는 기억 안 나요. 왔다 해도 내가 기억 안 나. 하도 많으니까 뭐가. 애들이 걔만 있으면 모르겠는데 하도 애들이 많다 보니까, 이거 해주고 저거 해주고 맨날 애들도 계속….

면담자   지성이는 간다고 했을 때 옷 사달라고 하거나 이런 게 있었을 것 같은데 그런 것 없었어요?

지성 엄마   왜 없었어요, 제주도에 산… 내가 참 지금 생각을 하면 제주도에서 살다 온 것이 또 나를 아프게 하기도 해. 나는 제주도라는 곳은 그냥 옆 동네라고 그 정도밖에… 내가 내 수준, 내가 생각하는 거는 그것밖에 안 돼. 비행기 하나 타고 오는 것뿐이지 그거 뭐 별거냐, 이렇게. 내가 살고 왔기 때문에 그런 생각을 가졌어. 그런데 애가 엄마 그때 아디다스인가 뭔가 티를 하나 사달라고 그래서 내가 뭐라고 말했는지 알아요? "야, 그거 속에다 입으면 뭐하니, 너 속에다 아디다스 입은 거 누가 아냐" 그랬더니 얘가 안 조르더라고. 그냥 지나갔어. 그게 내가 안 사준 게 너무 가슴 아퍼. 그때 그냥 사줬어야 되는데, 걔 마음을 내가 너무 몰랐던 거지. 걔는 진짜 제주도로 수학여행 가는데… 가슴 아픈, 가슴 아프죠… 아퍼… 그리고 걔가 그때 우리 바로 위에 언니 친구가 놀러 왔어. 걔가 아디다스를 입고 왔네, 빨간 추리닝을… 그래서 걔가, 우리 딸이 성격이 좋아. "언니, 그거 벗어봐. 이거 나 입고 간다?" (웃음) 그래 가지고 뺏어가지고 그거 입고… 그때 사줄걸. 지 동생 거 바지 아디다스 까만 거 그거하고 그렇게 입고 갔어.

그래서 내가, 근데 나온 거 보니까 전혀 못 보던 티를 입고 있더라고. 우리가 못 본 티를 친구가, 친구가 준 거 같애, 빌려준 것 같애. 가슴 아퍼. 그러고는 그 빨간 티는 [나중에 내가] 그 친구 사줬잖아. 그래서 사실 [그때] 사주지, 그때 왜 그런 머리는 안 돌아갔을까. 애가 조르고 그랬으면 좋은데 애가 조르지도 않고 이렇게 해보고 지 생각에는 그런 거지. '엄마가 저거 안 사줄 거야' 그러면 빨리 애가 포기를 하는… 걔가 핸드폰을 사달라고 그랬거든. 그런데 중2 때, 중1 때인가 사준 거야, 중2 때. 정말 싼 핸드폰을 사줬어요. 그런데 그 핸드폰이 지가 보기에 꼬졌지, 친구들은 좋은 거 갖고 있는데. 나는 뭔 생각이었냐면 '그 핸드폰 맨날 하면 공부에 방해만 되는데' 그렇게 생각하고 안 사준 거야, 새걸로. 애가 졸랐어, 계속 "엄마 좀 사줘봐. 사줄 때도 됐잖아" 이랬었거든. 근데 안 사줬잖아. 애가 핸드폰을 필요하긴 하고 내 거를 가져가라니까 싫대. 필요하긴 하니까 가지고 갔는데, 캐리어 속에 그냥 넣어놓고…

그러니까 영상통화할 때 못 한 거지. 그런데 친구한테, 친구가 영상을 찍는 애가 있더라고. 가지고 있는 게 남아 있었는데, 그 친구 거를 핸드폰을 빌려서 전화를 했더라고. "야, 나 잠깐만 핸드폰 좀 빌려줘 봐. 우리 아빠한테 전화 좀 하게" 그게 아마 우리가 통화했던 그 당시였던 것 같애. 그 장면이 딱 그 저기 우리한테 왔어, 그 영상이. 우리 지성이 아빠가 미친 듯이 저러고 다니는 것도 애가 끝까지 아빠를 찾았다는 거지. 우리 아빠는 이 일을 해결해 줄 거다 이런… 그래서 그, 그래서 저렇게, 저렇게 일을 하고 있지 않나 그래요…(울음). 아픈, 내가 아픈 부분이야. 핸드폰 안 사준 거하고 옷 안 사준 거는 애한테 진짜 가장 아픈… 그때에 그거라도 해줬으면 내가 해줄 거 해줬으니까 그런 마음도 있겠지. 그런데 애가 마지막에 제일 원했던 것들이잖아. 그래서 그걸 못 해준 게 마음 아퍼 (울음).

우리 애 캐리어도 안 나왔어. 아무것도 안 나왔어. 캐리어 열면 아마 그 속에 핸드폰도 있을 거고, 가방도 하나 메고 간 것도 있었는데 그것도 안 나오고… 다행히 애만 나왔지. 엄마로서는 감사했지 뭐. 애가, 우리 애는 정말 내가 그 당시에 정말 감사했던 게 특이한 놈이구나… 얘가 미리 나왔었던 거야.

면담자   갑판 위로?

지성 엄마   하여튼 밖으로는 나왔다는 거지. 언제 나왔는지 우리도 그게 의문이지만 애가 나와서, 나오다가 애가 휩쓸려서 밖으로 나간건지 애가 돌아다니다가 밤에 그 낙하, 그 뭐라 그래 조명? 띄우는 거 있었잖아 (면담자 : 네, 조명탄) 그게 아마 이렇게 낙하산 모양으로 이렇게 떠 있나 봐. 공중에 올리면 그게 서서히 내려. 이렇게 내려오면서 꺼지고 그러면서 바다로 들어간 건데, 걔가 저기 그 낙하산 그물이 애를 잡은 거지. 애를 잡아서 걔가 양식, 김 양식, 미역 양식 닻에 걸려 있었던 거야. 그 밧줄 하나도 그 애를 이렇게, 밧줄도 그물에 이렇게 걸려서 그게 닻에 걸려 있었던 거야. 그러다가 김 양식 주인이 닻을 바꾸려고 올리다가 애를 발견을 한 거지. 참 한편으로는, 한편으로는 신을 원망도 했는데, 그렇게 돼서 애가 올라올 때는 감사도 했어, 그렇게라도 올려준 거에 대해서.

면담자　　　그러면 언제 처음 그 사건을 알게 되신 거예요?

지성 엄마　　　아침 한 9시. 애가 전화가 왔었거든, 집으로, 배가 기울었다고. 그래서 이것저것 물어보는데 출구가 없대는 거야. 지성이 아빠가 "네가 출구로 들어왔지 어디로 들어갔냐" 그랬더니 출구가 위에 있는 거지. 애들이 올라갈 수 없는 그런 상황에 처해 있었다가 올라갈 수가 없는 거야. 그러고는 물이 들어왔대요. 거기에 물이 들어오면서 애들이 조명, 구명조끼를 입고 있으니까 애들이 뜬 거야. 뜨면서 밖으로 누가 끌어내준 거지(울음).

면담자　　　그럼 전화 듣고 어떻게 하셨어요? 단원고로 가신 거예요?

지성 엄마　　　전화 듣고 지성이 아빠가 "구명조끼 잘 단도리 잘하고 연락할 수 있도록 핸드폰 잘……" 그 친구 거. 그때 왜 그 이야기를 안 했을까 싶어. "빨리 너 핸드폰 빨리 찾아서 꺼내서 네가 갖고 있어야 연락이 되지" 이런 이야기를 왜 안 했을까 싶어. 물어보니까 캐리어 속에 있다고만 해서 그냥 그러고 말았… 더 이상 거기서, 더 이상 말을 안 했던 것 같은데… 그러고는 한 번 연락이 오고 그다음에 한 번 더 연락을 했나? 한 번 연락하고 그냥 다음번에 연락을 했는데 안 됐던 것 같애. 그러고는 바로 지성이 아빠하고 언

48
·
지성 엄마 안명미

니 둘하고 결혼한 우리 사위하고 달려갔지. 차 두 대로 서로. (면담자 : 팽목?) 팽목으로 달려갔지, 옷을 가지고. 분명히 애들 나오면 추울 거니까 애들 옷 갈아입히러 간 거지. 나는, 학교에서 다들 모여 있다고 하드만, 뉴스를 보니까. 근데 학교에서도 보니까 TV에서 본 거 전해주는 것뿐인 거야. 그래서 내가 차라리, 내가 여기서 보고 보는 게 낫겠다 싶어서, 나는 집에 있다가 오후에 TV에서도 제대로 안 보여주는 거야, 답답한 거지. 그래서 단원고로 쫓아갔죠. 몇 시까지 거기 있었는지 기억도 안 나. 거기 있으면서 팽목하고 연락을 했었어. 그리고 아는 사람을 통해서, 그 안에 이렇게 생존자 적는 사람이 상황실에 누가 아는 사람이 있대는 거야, 또. 그것도 참… 근데 그 사람이 이렇게 적어놓은 거를 찍어서 보내줬어, 나한테. 거기에 문지성이 있더라고, 이름은 있더라고, 근데 없는 거지, 애는 없는 거지. 우리 애들이 거기 가서 지성이를 찾으니까 우리 애가 교복이 비슷한 애가 있어, 바로 연년생이. 걔가 학교에서 소식을 듣고 그냥 온 거야. 소식을 듣고 왔는데 교복 그대로 입고 간 거야. 그러니까 교복 비슷하니까 문지성이 찾으니까 문지성이 왔다고 적어놓은 것 같애. 그래서 또 걔 찾느라고… 참 다행이다 싶었는데 끝내는 못 찾았지.

그 당시에는 그래서 지성이 아빠가 애 아무리 찾아봐도 애는 없고 그러니까 내려달라고, 생존자[명단]에서. 안 그러면 안 찾을까 부모 심정이 또 그런 거야. 거기에 또 올라가 있으면 내 새끼는 안 찾을까 봐 내려달라고. 또 방송국에 연락해서 안 되니까 그다음 날

도 거기 올라오고 이랬거든. 하여튼 뭐 대통령 그 대변인, 대변인
대통령하고 이렇게 전화 통화를 할 일이 있어서 대변인을 알게 된
거야. 그래서 그 대변인한테 전화를 해서 지금 방송국에서 애가
생존자로 뜨는데 내려달라고, 그래서 내려준 거야. 이것 방송국
도 있잖아, 진짜 자기네들이 올린 것도 있잖아, 잘못된 것도 안
내리데….

면담자　　정정 보도도 안 하고?

지성 엄마　　응, 그것도 참 답답하더라. 그래서 어떻게 그런, 그
것도 우리 마음대로 안 되는 사람들… 애가 살면 좋지. 근데 애가
없으니까 우리는 또 혹시라도 또 그럴까 봐 그렇게 한 건데… 그런
일도 있었어요.

면담자　　그러면 처음 도착해서 처음 딱 [마주친] 장면이 어땠
나요?

지성 엄마　　나는 그 당시에 집에 있었잖아. 내가 간 느낌은? (면
담자: 네) 내가 일주일을 여기 있었어요. 근데 처음에 딱 갔는데 우
리 애기 아빠가 내가 쓰러질까 봐, 왜 그러냐면 자기네들이 계속
날마다 올라오는 그 시체를 봐야 돼. 그 시체를 가서 그 모아놓
은… 이렇게 천[막] 있거든요? 영안실. 그 몇십 구씩 올라오는 그 시
체를 다 가서 봐야 되는 거지. 내 새끼 있나. 처음에는 무조건 가서
봐야 되는 거지, 그때는 처음에는 체계적이지를 않아서 나중에는
내가 간 뒤로는 체계적으로 인상착의를 쓰라고 해서 그 자기네들

이 인상착의를 올려주는, 줬거든? 그런데 그 당시만 해도 계속 그냥 가서 봐야 되는 거야, 혹시라도 내 새끼가 있나.

면담자   일일이 다 봐야 되는?

지성 엄마   응. 내가 갔을 때도 그걸 했어요. 내가 갔을 때도 가서 봤어야 돼. 내가 갔을 때도 그냥 정말 가득 찼었거든. 우리는 영안실 옆에, 옆에 천[막]에 있었어. 좀 영안실을 천[막]하고 중간에 좀 공간을… 사람들 기다리는 공간 있고, 그다음에 천[막] 두 개가 있었어요. 나는 영안실 옆에 있는 천[막]으로 가고 싶다, 왜 그러냐면 나는 '가서 데려와야 되겠다. 내가 가서 데려와야 되겠다' 그런 마음에 바로 영안실 옆에로 갔지. 그런데 밤이고 낮이고 지옥인 거야. 엄마들 쓰러지고 자기 새끼 올라오면 자기 새끼라 그러면 쓰러지고… 자기, 자기 새끼 같으면, 이렇게 저기 인상착의를 들고 자기 새끼 같으면, 사지가 부들부들 떨면서 주저앉는 거야. 그런 것도 봐야 되고 앰뷸런스 소리 계속 나면서 그렇지… 밤에도 또 애가 바뀌어서 또다시 오면 오기도 하고, 거기 있는 동안에 지옥인 거야, 지옥. 밤이고 낮이고 지옥이야. 전쟁터였어, 전쟁터. 나는 그렇게 느꼈어. '이런 게 전쟁터구나…' 사람들이 이렇게 계속 죽어 있는 것을 봐야 되고 머리가 아플 정도로 이게 잠을 못 자니까, 맨날 사이렌 소리 나고 우는 소리 나고 이러니까, 나중에는 저쪽 밑에 천[막]들이 더 생겼어. 그래서 그쪽으로 옮겨 갔지. 거기서는 사이렌 소리도 안 나고 그러니까 조금 정신적으로는 일단 안정이 되더라고. 그런데 영안실 옆에 있을 때는 지옥이라는 생각이 들더라고 (한숨).

　또 생각하면… 그 애들이 올라왔는데 부모가 자기 자식 알아보고 가서 끌어안는 애가 있나 하면, 부모가 없어서 애만 덩그러니 있는 아이들… 그것도 가슴 아픈데… 부모가 와서 껴안고 울고 그러는 아이들은 그래도 부모가 봤잖아. 그런데 누가, 아무도 와서 그 아이들을 봐주지 못하는 그런 상황에 있는 아이들도 가슴 아프더라고… 그냥 자는 것 같애. 나와 있는, 누워 있는데… 또 우리 작은딸이 그 물리치료과를 나와서, 근데 해부학도 해보고 그래서 걔를, 걔가 많이 들어갔대. '그래도 봤으니까 나보다는 낫겠지' 그런 생각이었거든? 그런데 걔도 애들 한참 동안, 애들 얼굴이, 애들이 참 예쁘더라는 거야, 처음에 나온 애들이… 그런데 계속 생각난다고 그러더라고. 우리 사위도 셋이 들어가서 계속 봤나 봐. 사위도 한동안 계속 생각나서 힘들었다고 그러더라고. 그러고는 그다음부터는 인상착의 올라오면 가서 보고, 이렇게 가서 얼마 안 있다가 그런, 그런 것들이 생겼어. 너무너무, 뭐라 할까… 우리 애기 아빠하고 우리 아주버님 내외하고 우리 나중에는 그렇게 남았어. 그렇게 사위하고 넷이 남았거든. 우리 딸들은 올라오고… 계속 그 진도체육관에, 왜 자기네들은 왜 진도체육관에 있는지 모르겠다는 거지. 물론 너무 떨어져 있어. 한 3, 40분을 차이 나게 떨어져 있어. 그러니까 이쪽은 긴박하게 돌아가는데 그쪽은 모르는 거야. 소식을 전해줘야 아는 거야. 한 박자 항상 늦는 거지. 오는 것도 있고,

지성 엄마 안명미

오는 시간도 있고 그러잖아. 그러니까 우리 식구들은 전부 다, 다 팽목항에 그냥 있는 거야. 그런데 그 시설이 너무 안 되어 있다 보니까 차에서 그냥 자는 거야. 차에서, 차[가] 마침 두 대, 세 대 갔으니까 차에서 그냥 밥은 얻어먹고 거기서 차에서 자고… 정말 그런 생활을, 모포 뒤집어쓰고 자고 이런 생활을 하는 거죠.

　너무 처음에는 아무것도 제대로 된 게 없었어, 팽목항은. 사실 팽목항, 그 팽목항에 이렇게 터가 있었어요. 저쪽으로 거기다가 했어야 돼, 처음부터. 어마어마한 숫자니까 뭐 쉽지 않았겠지만… 근데, 나중에 그런 시설, 저런 시설들이 들어와서 다행이지. 처음에 봉사하는 사람들이 진짜 먹거리 들고 들어와서 그렇게 했으니까 다행이지, 정말 나라에다 맡겨놨다가는 다들 굶어, 굶어 죽을 것 같아. 그런 상황 있잖아. 너무 아무것도 없는 그런 상황. 팽목은 그랬어, 그 당시에. 나도 그래서 진도에는 잘 안 있었어. 진도에서 한 번도 안 잤어. 차만 타러 그리 갔지. 한 번 들어가서 앉아봤네. 거기, 나는 체육관이 낯설어요, 내가 있어보지를 않아서. 나는 팽목에만 있어가지고 왜 거기 있는지 모르겠더라고… 너무 떨어져 있는 곳에. 팽목에 있는 사람들은 그렇게 생각을 하는 거야. 거기 있던 사람들은 그 자리에서 못 벗어나. 사람이 그렇잖아, 사람이 그런가 봐… 거기다 한번 갖다놓으면 그 자리에만 맨날 있는 거야. 우리는 나중에는 다 팽목으로, 남는 사람들은 팽목으로 간이 집들 만들어서 이렇게 해줬잖아요, 거기 있을 필요가 없으니까 그렇게 해준 거잖아. 그러니까 처음부터 계속 팽목에서 생활을 했지.

10
진도체육관에서 경험했던 일들

면담자   체육관에서 정말 이러저러한 일이 많았잖아요, 그것 말고도 또 도보 행진 간다고 청와대로, 그런 것도 있었는데 그러면 다 참여 안 하시고…….

지성 엄마   그때는 갔었죠. 도보 행진 그 거기에서 앉았어. 그 옆에 다른 체육관이 하나 있었어. 거기에 있었어. 세상에 추워서 죽는 줄 알았네. 너무 모포 얇은 걸, 한겨울에 얇은 거 하나 주고 자라고 하는데, 진짜 그 온풍기도 잘 안 되는, 정말 완전히 우리가 계속 그렇게 길바닥에서 살았지만 너무 우리를, 그렇게 완전 그렇게 이 길바닥에서 자는 사람 취급을 당했어. 그 당시에 그냥 체육관에다 갔다가 풀어놓고 그래 갖고, 추워 가지고 다들… 그런 고생도 했네.

면담자   그러면 그 순례는 어떻게 참여하시게 되신 거예요? 어떻게 알고서는?

지성 엄마   어떤?

면담자   아, 순례란다, 행진.

지성 엄마   행진이야 뭐, 행진이야 우리가 알지, 우리 가족들은. 기본적으로 그런 소식을 다 접하니까. 협의회에서 소속이면 누구나 다 공지가 나오니까 다 알아요. 거기에 처음부터 참가할 사람 아니면 반별로 갈 때 참가할 사람, 이런 식으로 해서 갔죠, 나는.

지성 엄마 안명미

처음부터 그렇게 쭉 간 사람도 있었고, 나는 그렇게는 못 하고 반별로 갈 때 갔죠.

면담자   그러면 거기 팽목항에도 기자들도 많이 오고 그랬을 것 같은데, 관련해서 기억나시는 거 있으세요?

지성 엄마   있죠. 거짓 보도를 하는 걸 나중에 알았잖아, 우리가. 그 당시에 내가 갔을 당시에는 그런 것들이 다 파악이 된 거야. 그래 가지고 기자들이 뭐라 그럴까… 뭔가 기사거리 있는가 이렇게. 그, 내가 단원고 체육관서부터 느꼈는데, 뭔가 소리가 큰 곳, 뭔가 싸움을 하는 곳, 벌 떼처럼 달려들더라고. 그렇듯이 거기서도 마찬가지야. 뭔가 소리를 치는 곳, 벌 떼처럼 달려들어 가지고 그거 찍으려고 아수라장이고, 그런 모습. 기자들 모습이 그런 모습이었어. 그리고 나중에 안 좋은 모습만 나간다는 걸 알게 됐어. 그래서 그때부터 기자들을 접근을 못 하게, 기자들을, 우리가 만약에 이쪽에서 뭔 일을 해야 된다 그러면 기자를 여기를 근접을 못 하게 했어. 그래 가지고 여기에 우리가 뭘 하면 이만큼 띄어놓고 경계선을 그어놨잖아, 들어오지 말라고. 그럼 거기 다 있는 거지. 그러기도 했고… 우리가 브리핑을 하면은 무슨 소리를 하나 그 천에 귀를 대고 있고… 저기 뭐야, 그 기자들이 잘못 행동을 하면 부모들하고 싸우기도 하기도 하고… 그런 것들 봤죠, 기자들한테. 그때는 정말 그래서 그 당시만 해도, 당시에 일본에 NHK인가? 그 사람이 나 한쪽에 차 사이에 앉아 있는데 나한테 와서 인터뷰 좀 하자고 그러는

데도 모든 사람이 다 배신감이 불신감이 드는 거야. 그래서 인터뷰도 안 해주고, 아무한테도 인터뷰도 안 해주고… 우리가 지금 인터뷰할 상황도 아닌데 그런 거… 그 당시에는 불신, 완전 불신.

그런데 다만 그때 아프리카TV라고 나는 처음 알았네. 나는 인터넷을 전혀 안 하니까 몰랐단 말이에요. 아프리카TV가 뭔지도 몰랐어. 그런데 진정한 방송이 어디냐 우리 부모들이 찾았지. 그런데 그 〈다이빙벨〉을 만든 그 감독, 이상호 감독, 이상호 감독을 어떻게 섭외를 한 거야. 거기 계속 이상호 감독도 부모들한테 되게 혼났나 봐. 하여튼 간 모든 사람들이 다 혼났어. 어쨌든 간에 다 싸잡아서 다 혼나고 있었어. 근데 그래도 진정한 TV가 어디냐, 그걸 찾던 중 인터넷 TV를 찾은 거지. 이런 지상파에서는 전혀 지금 방송이 안 나가고 있는 상황이 되니까 아무도 못 믿는다, 그 사람을 섭외를 해서 해수부 장관, 서해청장[해경청장], [해경차장], 이런 세 사람을 잡아 부모들이 잡아왔어. 거기 왔는데 안 나올라 그래. 우리 TV 앞에서 진실을 이야기하라[고] 나오라고 하니까 안 나와. 뭐 어떡해, 육탄전이어야 되는데 아빠들이 들어가면 정말 진짜 육탄전이 되잖아. 그러면 아빠들을 빼라 엄마들이 하겠다 그래서 엄마들이 가서 맞아가면서 그 경호원들 있잖아, 그 사람들을 지키는… 맞아가면서 끌고 나왔어, 그래도 여자니까. 그렇게 해서 끌고 나와서 가서 앉혀놨어. 앉혀서 아프리카TV 앞에다가 딱 방송을 하는데 입을 안 열어. 이렇게 땅바닥에 앉는 거 기분 나쁘냐 그럼 의자에 앉혀주겠다 그래서 의자도 갖다주고 그랬는데도 입을 안 열더라고.

그런데 그거 방송 못 하게 하려고 그 주위에 뭐라고 해야 돼? 그 비밀리에 그 사복 입은 사복 경찰, 사복 경찰들이 한 100여 명 있었어. 거기 왜 있는지 모르겠어. 왜 우리가 무슨 애, 내 새끼 거기 빠져서 지금 내 새끼 살려달라고 하는데 거기 무슨 어? 불순분자가 있다고 그런 사복 경찰이 와서 거기 진 치고 있는지 알 수가 없어. 이해를 못하겠어. 그런 사람들이 전기를 뽑고 방해를 얼마나 하는지. 아이고, 진짜… 그거 한 장면 나올걸? 〈다이빙벨〉에서 그 찍은 거. 그 장면 나도 저 뒤에 앉았더라고. 그런데 그랬어, 그 당시에. 그래 가지고는 진짜. 그 사복 경찰들이, 그 부모들 그 진도 내려가고 그러면 뒤따라 많이 그러다가 걸려가지고 잡어, 우리가 잡았어. 우리가 대충 어떻게 이렇게 딱 보면, 그 사람들은 이렇게 규격이, 몸이 규격이 잡혀 있어. 뭔가, 뭔가 살짝 느껴지는 게 있어. 그래 가지고 그 사람들 잡았더니 우리 보호하려고 따라다녔대. 그렇게 왜 우리를 감시를 하고 따라다니는지 이해할 수가 없지. 나는 지금도 이해할 수가 없어. 왜 그 짓을 하고 따라다니는 거야? 뭐 때문에? 어? 우리가, 우리가 북한에서 온 사람들이야? 뭐 땜에 그런 거야? 이해할 수가 없어. 그런 짓들을 하데.

2회차

2016년 6월 17일

1
시작 인사말

면담자　　　본 구술증언은 4·16 사건에 대한 참여자들의 경험과 기억을 기록으로 남김으로써 이후 진상 규명 및 역사 기술에 기여하고자 합니다. 지금부터 안명미 씨의 증언을 시작하겠습니다. 오늘은 2016년 6월 17일이며, 장소는 안산시 세승빌라입니다. 면담자는 박여리이며, 촬영자는 김솔입니다.

2
4·16 참사 이후의 현장 상황

면담자　　　저번에 팽목항에 계속 계셨다고 하셨는데… 거기서 팽목항 쪽에서도 브리핑 같은 것을 해주잖아요.

지성 엄마　　　저는 거기 물론 진도체육관에서도 했지만 이쪽 팽목항이 더 가까운 곳이었기 때문에, 팽목항에서 주요한 이야기들은 팽목항에서 했던 것 같거든요?

면담자　　　어떤 이야기들이 주로?

지성 엄마　　　그 배에 사람을 어떻게 어떤 경로로 건져내야 될 것인가 그것에 대한 것, 그리고 오늘은 얼마만큼의 성과를 거뒀다는 것, 어떤, 어떻게 떠오른 부분이라든지 가서 데리고 나오는 부분이라든지 이런 것. 주로 저희들이 브리핑 시간에는 거기 있는 분들이 [아직 아이가] 안 나오는 부모들이 주로 있는 것이잖아요, 그죠? 나온 부모들은 데리고 올라가니까. 그러니까 어떻게 애들을 들어가서 빼올 것인가, 그 부분에 대해서 진짜 열심히 질문 왔다 갔다 질문도 하고, 그쪽에서 브리핑하는 걸로만, 그건 별로 우리가 우리가 듣는 입장에서는 똑같은 이야기 계속 반복하고 있었던 것… 그랬어요. 그 당시에는 처음에는 거짓말도 했고. 거짓말로 포장을 하다가 들켜서, 그때부터는 그것도 자기네들도 와서 이야기를 해야 되는 부분들이 있는데, 할 말이 있어야지, 자기네들이 특별히 하는 게 없으니까. 똑같은 말 계속 반복적으로 이야기했던 것 같고. 그래서 그 현장에서 근무하는 사람들을 불러내라, 우리가 그 사람들한테 들어보겠다, 이렇게까지 그래서 거기서 일하는 분들을 불러내서 들어보기도 했고요.

면담자   거짓말하셨다고 했는데, 어떤 거가 들통났나요?

지성 엄마   처음에는 헬리콥터가 몇 대, 배가 몇 대, 잠수부가 몇 명 이렇게 너무 부풀린, 어이없게 한 부분이래서, 잠수부도 600명 이렇게 거짓말을 했잖아요. 실제로는 그러지도 못하면서 진짜. 어떻게 그렇게 거짓말을. 그렇게 진짜 완전히 뻥튀기하는 거잖아요. 뻥이라는 말이 거기 그런 그, 거기다 써야 될 것 같애. 완전 뻥튀기한 거야. 그래서 나중에 우리가 그게 아니라는 거를 알고, 처음에는 정말 착하게 멍청하게 그 말을 믿었죠. 그런데 우리 그 팽목항에서 그쪽에 만약에 밤에 야간작업을 하면, 뭐라 그래요, 위에서 띄우는 (면담자 : 조명탄?) 조명탄이 보여요, 엄청나게 쏘아 올리거든. 그게 계속 이렇게 올라가서 내려오면서 꺼지잖아요. 그러니까 작업을 하고 있는 동안에는 그걸 쏘아 올려야 되잖아, 그게 보여. 밤인데, 그런데 [조명탄이] 안 보이는데 그렇게 작업을 하고 있다는 식으로 거짓말을 하니까. 나중에 우리가 알게 됐고, 언론에도 그런 식으로 이야기를, 이렇게 국민들한테 거짓말을 하고 있어. 우리한테 보여주지 않고 같은 화면만 그러고[반복해서 내보내고] 답답하잖아. 우리는 그 안에 갇혀 있는 거였거든. 우리가 원하는, 원해서 갇혀 있는 게 아니라 어쩔 수 없이 아이들이 거기에 들어오기 때문에, 팽목항으로 먼저 들어와요. 그러니까 부모들이 다 거기 있는 상황이고, 우리는 어떤 뭐가 없잖아, 볼 수 있는. 뭐가 없어서 TV를 설치를 좀 해라 이런 이야기를 했어요. 그랬더니 이, 완전히 정말 KBS에 맞춰놓은 것 있잖아요, 딱 거기만 맞춰놓고, 그 장면도 그냥 이제는 더 이상 장면을 보여주지 않는… 우리는 가서 작업하고 있는 모습을 보고 싶었는데 그런 장면을 보여주지 않았어요.

나중에는 '아, 우리를 고립하고 있구나' 그런 것들도 알게 되었고… 그래서 알려야 된다는, 우리가 지금 이 세상 사람들이 모르는 모르게끔, 지금 우리를 고립하고 있다는 그런 느낌이 들기도 해서 진실을 알려야 된다… 처음에는 모르고 이 기자들이 뒤섞여 있는 거예요. 봉사자와 유가족과 기자들과 그 경호원들이라고 해야 되나? 아니면 사복 경찰들. 사복 경찰과 거기에 또 해경들과 정말 어마어마한 사람들이 그 속에 있는 거예요, 누가 누군지도 몰라. 우리도 우리 유가족이 누군지도 모르는 거죠. 그러다가 나중에는 우리 유가족을 구별을 하자 이래서 옷을 따로 지급하게 됐고. 근데 사실은 처음에는 모르니까 어떤 경로로라도 그 옷을 구입해서 입었다고 그러면 그 사람은 우리 회의에 들어올 수도 있는 거예요. 누가 누군가 서로 의심을 하는 거죠. 사람들이 잘 안 본 사람이 저 사람이 유가족 맞냐고, 이렇게. 거기서는 서로 믿을 수가 없는 상황이 이렇게 된 거야. 그게 참 그렇더라고요. 누가 누군지 모르니까.

그런 상황에서 계속 그때에 저번에도 저희 이야기했던 것 같은데 아프리카TV라는 그분을 불러서, 그분도 우리가 기자를 안 믿으니까 정말 기자들하고 많이 싸웠어요. 왜 찍냐, 너희 왜 찍어서 할거냐. 우리가 사실 거기 있었을 당시 다들 신경이 예민해져서 저는 한 일주일 후에 갔지만 그 일주일 안에는 다들 신경이 너무…… 그리고 지금 그 모습이 그 안에 그렇게 벌어지고 있으니까 서로서로를 다 지금 모르고 있는 상태니까, 뭘, 뭔가가 안 맞으면 싸우는 이런 상황이 된 것…… 그러니까 기자들하고도, 기자들[은] 우리가 만약에 싸웠다 그러면 그걸 찍기를 원하잖아. 뭔가 소리, 큰 소리 나는 곳에 기자들은 미친 듯이 뛰어오더만. 그래 그거, 그 장면을 찍어가는 거예요. 그러니까 우리 모습은 밖에다가 "이성을 잃은 유가족들"이라는 그런 문구로 나가는 거죠. 그래서 기자들한테도 사진 찍기를 거부했고, 인터뷰 이런 것도 거부했고, 믿을 수가 없었어. 그 당시에는 누구도 어떤 기자도 믿을 수가 없었었는데, 그 아프리카TV에 이상호 기자도, 이상호 기자도 그렇게 많이 당했대요, 가족들한테. 욕도 많이 먹고, 욕 엄청 먹었다 하더라고. 그럼에도 진실을 알리는 TV라는 거였더라고요, 그게. 그래서 아는 부모들이 그 사람을 세워서 방송을 하자 이렇게 돼서… 장관, 그 경찰 해경[차장], [해경]청장 이런 사람들을 들여다 놓고 이야기를 하려고 하는데 안 하더라고, 싫대. 뭔가 자기가 원해서 하는 게 아니라 우리가 원해서 하는 거라서 협조를 안 하더라고. 입 꼭 다물더라고. 그리고 이상호 기자가 질문을 유도하는데도, 그 뭐라 그럴까 TV를 방해하는 그 사복 경찰들이 이리저리 뛰어다니면서 전선줄을 뽑아버린다든가 그런 상황이었고. 기자들은 거기에 어떻게 하면 들어가서 좀 들어볼까… 그런데 철저하게 그 우리 유가족들이 정말 한 100미터는 띄어놨어요. 아예 못 들어오게 했어. 기자들은 가고 싶은 데 아무 데나 들어가더라고요. 그래서 철저하게 완전히 배척했어요. 너네들은 믿을 수가 없다, 하나도 우리 진실을 이야기하지 않는… 그러니까 그때 우리가 알았어, 언론이 얼마나 엉터리였나.

그 당시에 진실 이야기한다 그래서 YTN을, 처음에 우리가 YTN을 통해서 그 사건을 접해서, YTN은 그래도 진실하게 뉴스 하니까 [사실대로] 전해주리라 생각하고 YTN을 그 우리가 부모들이 그 사고 해역에 배를 띄워서 가는 거기다가 태웠는데 그대로 이야기하지 않았어. 그래서 아주 배신감 톡톡히 당했죠. 그때는 누가 부모인지 모르니까 몰래 숨겨서 부모인 척 그 배를 탄 기자들도 있었다[고] 그러더라고. 그때 상황은 말로만 들었어도, 제가 가서 느낀 내가 본 것도 있지만, 내가 본 때도, 그때도 아수라장이었어. 그때도, 그때만 해도 아직 그 걸러낸 그 사람들을 걸러내지 못하는 상황들이었어. 그게 그 전에는 더했겠죠. 그 전에는 내가 안 봤으니까 생생하게 전해줄 수 없지만, 내가 본 것만 해도 그렇더라고.

면담자　　　그럼 그 가족회의랑 반별 회의 이런 거는 언제 어떤 계기로 하시게 된 거예요?

지성 엄마　　　가족회의 거기는 반별 회의라기보다 가족회의를 했어요. 그래서 어느 텐트가 이렇게 몇 동 몇 동 이렇게 지어져 있었어요, 이게. 그러면 대충은 반 대표들이 세워졌었어요. 그 사람들을 통해서 텐트에 전달이 됐죠. 그래서 거기에 그 회의에 우리 부모들만 간다 해도 그 당시였어도 파악이 잘 안 되는 때라서, 다들 앉아 있어서 내 옆에서도 모르는 사람 있으면 정말 의심의 눈으로 봤던 그런 상황이었으니까. 그래도 어떻게 해서라도 했어요. 거기서 어떻게 해서라도 회의를 하려고 노력을 했고… 정말 내가 간 그 텐트에서도, 아주 텐트가 이렇게 평상 위에다가 간이 매트 같은 거를 놨어요. 그런데 정말 이 가운데 최고로 좋은 자리, 요기 가운데 중심에, 정말 머리가 완전히 경찰 머리야, 이 몸이 각이 선 느낌, 그 부모들 자는 거기에 있더라고. 그런데 사복을 입고 있으니까 감히 저 사람이… 그런데 우리는 느낌으로 조금 느껴져, 일반인들은 느껴지더라고. 그분들의 그 모습이 뭔가 약간은 달라요. 보통 그 부모들의 모습이 아니야. 우리 부모들은 초췌하지. 상황이 몰골이 말이 아니고. 그런, 그런 모습들로 다니고 있는데 그 사람들 모습은 아니었거든. 명당자리에 딱 누워서 자더라고. 나중에 보니까 없어졌더라. 우리 처음에 텐트로 들어갈 때 처음에는 그 한 일주일을 내가 그 영안실 옆에 옆에서 잤는데, 우리 형님이, 형님 내외분이 같이 있어주다가 휴가를 내가지고 오셨었어. 일주일을 거기서 계셔주다가 또 애가 안 나오니까 일주일 이상 더 있었던 것 같아요. 내가 갔을 때가 한 5일 만에 갔는데, 내가 거기서 일주일 있는 동안에 계속 계셨으니까 더 계셨네. 그리고 마음이 안 놓이니까, 그 상황을 아니까 우리를 영안실에서 멀리 떨어진 그 텐트로 데려다주는데, 한쪽 귀퉁이 딱 그 간이침대 있죠? 1인용 침대 조그만 것 있잖아요. 1인용 좀 더 되나? 하여튼 그 정도 돼. 좁아터진 데에 처음에는 그쪽으로 해서 들어갔죠. 근데 그 중앙에 넓은 [공간을 사복 경찰이] 탁 차지하고 누워 있더라고.

3
지성이와의 만남, 그리고 장례

면담자　　　그러면 지성이가 나오기까지 그 기다리던 상황하고 그때 어떤 감정을 느끼셨는지를 좀 말씀해 주실 수 있으신가요?

지성 엄마　　거기서 있으면서 몸은 살아 있지만 정신은 뭔가 아무것도 생각 못하는, 몸만 돌아다니는 느낌… 밥도 내가 어쩔 수 없이 살아 있으니까 가서 밥은 먹지만, 밥도 정말 국밥, 빨리 먹어 치우는, 뭘 늘어놓고 내가 반찬 맛을 느끼면서 뭘 먹어야 된다는 이런 생각은 전혀 없었기 때문에 국밥을 찾아다녔죠. 그래서 국밥 뚝딱 말아주는 곳, 그래서 그 국밥 먹고… 거기서 있었던 생활은 우리가 할 수 있는 일이 아무것도 없었어. 그냥 앉아서 기다리는 일이었기 때문에 정말 아무것도 못하는… 살아 있지만, 살아 있지 않은… 우리 모습은 그거였어요. 다만 거기서는 내가 너무 답답하니까 일찍 일어나면 기도하러 갔었죠. 그 등대 쪽으로 이렇게 기도실이, 기도실이 불교, 이렇게 천주교, 천주교는 못 본 것 같아… 기독교 기도실, 불교 기도실, 이런 게 기억나는데 거기 가서 기도하고 그 등대까지 가서 새벽에는 기도하고 등대까지 가서 그쪽을 쳐다보고 돌아오고 그런 거, 그거 외에는 달리 할 게 없어서… 사람들이 많은 사람들이 왔다 갔다 하지만 거기서는 아무것도 할 수 없는, 살아 있지만 살아 있는 느낌이 없는 그런 시간들. 죽음의 시간 같았어, 마치. 거기 있었던 그 시간.

면담자　　그러면 지성이에 대해서 처음에 어떻게 소식을 듣게 되셨는지… 어민분이 발견을 하셨다고 하셨잖아요.

지성 엄마　　예, 그분하고 그분 연락처를 우리가 받았어요. 그분 연락처를 받아서 우리가 연락을 했어요. 연락을 해서 고맙다고 그때 인사를 드렸고… 그리고 장례를 치르고 우리가 거기[동거차도]를 갔어요. 가서 정식으로 인사를 드려야 되겠구나 생각을 해서 갔더니 굉장히 반가워하더라고. 아마 우리가 그렇게 온 애도 없고 처음이었지만 그렇게 건져주는 사람과의 만남도 아마 처음이야, 처음이지 않을까 싶어. 가서 그때의 그 상황도 우리가 들어봤고, 정확히 우리가 그냥 어부가 건져줬다… 이 정도만 들었지 어떻게 애가 올라왔는지 그때 상황을 좀 듣고 싶기도 하고… 우리로서는 그것도 중요하더라고요. 아이의 모든 것을 다 알고 싶은… 그래서 가서 들어봤는데, 그분도 발견하고 사흘을 배를 못 탔다 하더라고. 너무 놀라신 거야, 사흘 동안 잠을 잘 수도 없었고 그랬다 하더라고. 그런데 우리가 가서 아이의 사진을 보여줬고, 우리 아이가 이런 이쁜 아이였다는걸. 그래서 그분이 굉장히 흡족해하시더라고요. 정말 양딸로 삼아야 되겠다고. 이것도 인연인, 인연인 것 같다는 그런 이야기를 하셔서 지금 형, 동생으로 저희 아빠하고 그런 인연으로 지금… 그쪽 상황도 듣기도 하고 우리가 동거차도에 들어가게끔 하는 그런 다리가 됐죠. 안 그랬으면 그쪽하고 이렇게 거기 들어갈 그쪽의 상황들을 모르잖아요.

또 최초로 들어가서 그쪽 상황 내려다보이는 그 배가 보이는 거기까지 우리가 들어가서 올라가서 보고 왔고. 그다음에 그때에 아이들을 건지려고 노력했던 서거차도 주민들이나 다른 쪽에 있는 주민들을 다 우리가 찾아다니기도 했어요. 선물을, 그 당시에 간 코스가 동거차, 서거차, 그다음에 그 섬 이름 기억이 안 나는데 그 섬까지 이렇게 가서 그 당시 상황을 들어보려고 다녔는데, 우리가 뜨면 다 들어가요. 유가족 누가 지금 어디에 왔고, 이런 정보가 탁

69

2회차

탁탁 들어가서 어디서 정보가 탁 들어가요, 거기에. 그래서 우리가 거기에 파출소죠? 아무래도 섬은 파출소를, 소장을 만나러 거기 책임, 어떻게 그 당시 상황을 듣고 싶어서 갔는데 안 만나주는 거야. 자기가 말을 잘못하면 어떻게 될 것 같은 생각이 들어서 그러는지 안 만나주더라고. 그래서 (한숨) 그거 나중에 와서 보기는 했네. 그런데 아주 그냥 기가 팍 들어서…(헛웃음). 우리가 무슨 온 것처럼 하… 기가 팍 들어가 있더라고요, 아주. 뭘 물어볼 수가 없을 정도로 그렇더라고. 그래서 원활하게 그런 이야기들을 못 들어보고 그냥 그때 그 파출소 소장 그냥 그렇게 하고 나왔던 것 같애.

면담자　　　그 아까 그냥 연락만 받았다고 하셨잖아요, 처음에. 그러면 어디를 통해서 이렇게 받게 되신 건가요? 그 담당하는?

지성 엄마　　그래서 나는 그것에 대해서 내가 확실하게 내가 모르겠네. 근데 그런 그 해경 쪽에서 이야기하지 않았을까? 만약에 그렇게 됐다 그러면? 아마 그쪽하고 연락을, 거기서는 해경하고밖에 그게 안 되니까. 그 담당 해경한테 물어봤을 거예요, 거기서. 그런 경로가 들어왔다고 하니까 어디 어디에서 건져냈냐 지성 아빠가 물어가지고 그래서….

면담자　　　처음 그러면 소식을 들으셨을 때 어떠셨어요?

지성 엄마　　그 당시에 저는 또 올라와 있는 상태였어요. 그러니까 제가 그 거기 그쪽을 확실하게는 모르는데… 올라왔는데, "애가 올라온 것 같다, 우리 애 같다" 애가 올라와서 나한테 물어오더라고. 애 상태… 그래서 그 상태라고. 그런데 DNA, 우리 애 같다 하고, 그리고 DNA 검사를 들어간 거죠. 그래 가지고 그다음 날 확실하게 나오긴 한 거죠. 그 당시 나는 너무 아팠어요, 우리 아이가 얼마나 힘들었을까. 나와가지고 바다를 떠다녔을 것 같이… 분명히 그러다가 정말 그 애가 조명탄 그 그물에 애가 걸린 거지. 고기 잡듯이 그렇게 된 거예요. 애가 머리가 길었어요. 이런 머리 같은 게 그 그물에 엉킨 것 같애. 그래서 애가 그 그물이 닻에 걸린 거야. 또 그러고는 그 어부가 미역, 그 닻을 교차하는 작업을 하는 중에 발견이 된 거죠. 30분을 애가 거기에 매달려 있었다 하더라고. 끌어올린답시고 해경을 불렀는데 오지를 않더래는 거야.

그런 거를 듣고 나서 너무 아프더라고. 얼마나 힘들었을까… 당시는 그랬어요. 애가 나와, 분명히 나오긴 나왔던 것 같은데 어떻게 해서 애가 그렇게 살지 못했을까, 아이의 그 고통을 그때는 생각이 들더라고. 그래서 내가 그랬죠. 제가 교회에 가서 기도를 마치고 수요일 날 밤이었어. 교회 가고 같이 예배를 드리는 게 아니라 그냥 하나님 앞에 가고 싶은… 뒤에 가서 앉아서 있다가 엎드려 기도를 하는데 목사님이 찾아왔더라고. 말을 하는데 내가 울면서 말하니까 못 알아먹더라고. 사모님이 듣고 그러더라고. "죽음의 순간에는 그렇게 힘들지 않답니다" 이러더라고. 물론 그렇지만 그전, 전에 얼마나 힘들었을까. 그 죽기까지 너무나… 또 감사하기도 한 게 애가 그대로 흘러가 버렸으면 못 찾을 거지만 그렇게 돌아와 준 거, 그렇게라도 와준 거에 대해서 저희가 감사를 했죠. 제가 돌아올 때까지 날마다 우리 애 건져달라고 제가 소리소리 새벽에 가서 혼자 아무도 없을 때 소리소리 지르면서 기도를 했어요. 여기 있는 동안에는 제가 그랬는데 거기서는 그 등대에 있는 그 기도실에 새벽에, 새벽에 가서 소리소리 질렀고. 아이가, 그 어부가 놀래서 배를 사흘 동안 못 타는 애를, 시체를 건졌다는 것도, 그런 마음도 들겠지만 우리 아이 얼굴이 없었다고 하시더라고. 애가 밖으로 나온 게 얼굴이… 한 15일 동안 어디다가 씻겼겠지. 그리고 그래서 애가 얼굴이 없이 나왔다고 그래서 우리도 아이를 보지를 못했어. 거기서 우리 다 못 봤어요. 우리 애 아빠하고 사위는 우리 애 밑에만 봤다 하더라고. 얼굴은 안 봤으면 좋겠다고 검시관이 그래서. 자기네들도 어쩌나 몇 번 들락날락했다 하더라고. 봐야 되나… 나중에는 아니다, '이 아이의 이 나쁜 모습을 우리가 평생 간직하고 살 바에는 그냥 이쁜 모습 그대로 그 생각하면서 살자' 이런 마음으로, 아무도 어느 누구도 얼굴을 보여주지 마라 그래서 아예 팽목항에서 애를 다 싸가지고, 그래서 손끝 발끝도 우리는 볼 수가 없이 그냥 보냈어요. 정신, 내 정신이 아니어서 내가 애를 보여달라 소리도 안 한 것 같애. 사람이 멍한 거 있잖아요.

막상 입관식 하러 간다고 오라 그랬는데 애를 거기다 탁 싸놨더라고. 뭔 방법이 없잖아, 애를 볼 방법이. 그래서 정말 내가 할 수 있는… 느껴야 되겠다 싶더라고. 그래서 애를 머리를 만지는 데 못 만지게 해, 상한다고. 제 상태가 그런 상태니까 더 망가진다고. 그래도 만져줬어요, 발끝까지 다 주물러줬어. 엄마의 그 손길을,

72
•

지성 엄마 안명미

내 뱃속으로 낳은 아이니까. 그랬더니 그런 생각이 들더라고. 아이가 냄새…… 15일 동안 밖에 있었기 때문에 많이 상해서 냄새는 진짜 많이 났지만, 엄마로서는 내가 아무리 냄새나고 그런 딸도 내 손으로 애를 다 만져줘야 된다, 그 당시로서는 그 생각나더라고. 그래서 애를 전부 다 만졌더니 우리 애들도 다 만지더라고. 엄마가 만지니까 애들도 다 따라서 손끝 발끝을 다 그렇게 만져주고 주물러주고 그러더라고. 잘했다고 생각해요. 만약에 내가 쟤를 보지도 못 했는데 만지지도 못 했으면 한이 남았을 거야. 못 본 것도 지금 그러는데.

그런데 내가 언젠가… 얼마 안 됐네. 내가 언젠가 인터뷰할 일이 있어서 인터뷰를 한 두세 달 전에 한 것 같은데 그 당시에 우리 아이가 꿈에 나타났어요. 가끔 처음에 사고 났을 당시에 꿈에 보니까 애가 화장실에 친구들을 데려온 거야. 그래 갖고 씻는 거야. 한두어 명을 더 데려왔어. 그래 가지고 씻더라고… 그런 것도 본 적이 있고… '애가 영이구나' 하는 거를 느낀 게 애가 문으로 나가는 게 아니라 이 벽을 통과하고 이러더라고. 영이라는 그런 느낌 들었고… 근데 딱 한 번, 내 옆에 딱 누워 있는 거야, 애가, 자는데. 꿈에 보니까 딱 근데 애가 이렇게 속옷만 입고 애 몸을 나한테 보여주는 거지. 보니까, 속옷만 입고 애가 저기 누워 있어. 그런데 우리 딸이 엉덩이가 예뻤거든. 그 한참 왜 애들이 이렇게 한참 이쁠 때 있어요. 통통해질 때가 있어. 그러면 엉덩이가 이뻐서 내가 어디다 놔도 우리 딸은 엉덩이가 이쁘다 내가 그 소리 했는데 정말 내가 영덩이를 딱 만져줬어요. '너무 보여주고 싶었구나. 내가 가슴속에 애를 못 봐서 너무 속상해하는 그런 마음이 들은 거를 조금 해소를 시켜주실, 줄려고 우리 딸이 나한테 왔구나'(웃음). 제가 이 생각을 그 꿈을 통해서 '그래도 그렇게라도 감사하다' 생각을 했었죠.

그 당시에는 아이 장례식 치를 때에도 나는 '왜 나한테 이런 고통이 왔지?' 이걸 찾고 있었거든. 그래서 『성경』에 욥이라는, 들어봤으려나… 교회를 안 다니면… 욥이 굉장히 고통을 당하는, 그런 처자식들이 자식들이 10명 자식이 죽고 재산이 다 이렇게 다 하늘에서 내려온, 그런 불이 나고 이런 것들로 다 없어지고 몸까지 자기 몸도 완전히 그냥 벌레가 기어 다니는 그런 상태까지 된 그런 욥이 당한 그 『성경』 구절을 읽고 싶었어. 거기서 나를 찾고 싶었어. 위로를 받고 싶었는지 모르겠어. 그 당시 내가 「욥기」를 읽었어, 그 장례식장 안에서. 할 것도 없잖아. 그래서 제가 어떻게 해서든지 그 당시에 내가 무슨 그 책에 심취한, 얼마나 심취가 되겠어. 그런데 「욥기」를 읽고 있었어, 장례식장에서, '왜'라는 질문을 가지고. 나한테 왜? 지금도 그 질문이 있지만 그 당시에는 엄청난 큰 물음표였지. 왜? 내가 가서 하나님 앞에 따지고 그랬어. "왜 나한테?" 그랬죠(울음).

면담자   괜찮으시겠어요?

지성 엄마   맨날 울면서도 이야기 잘해(웃음).

특별법 서명운동과 국회 단식 농성

면담자　　　그럼 1차는 여기까지 하고 원래 오늘 하기로 했었던 이야기 좀 하려고 하는데, 지금까지 무슨 활동에 참여해 주셨는지 그 이야기를 들으려고 하는데, 저희가 굉장히 많은 일들이 있었잖아요, 그사이에. 거의, 거의 대부분 참여하셨을 것 같기는 한데 제가 목록이 있어서 이렇게 제가 하나씩 말씀해 드릴 테니까 혹시 뭘 참여하셨고 안 하셨고 이런 걸 말씀해 주시면 제가 기반으로 할게요. 2014년도, 되게 예전이죠. 그때 청와대에서 걸어가셨던 것 그때 참여하셨었다고 하셨죠?

지성 엄마　　　청와대를 가서 그 언제?

면담자　　　5월 8일 사건 일어나고 한 달 뒤쯤? KBS에.

지성 엄마　　　그 당시에 못 갔어요, 그 당시에 못 갔어. 내가 그 당시에 우리 엄마가 그때 병원에 계셨거든. 그래서 나 애 치르고 또 엄마한테 또 신경을 쓰느라고 KBS는 내가 못 간 것 같아.

면담자　　　그러면 국회에서 그 농성하셨던 것 국정조사….

지성 엄마　　　국회에서 농성한 건 좀 길죠.

면담자　　　예. 2박 3일.

지성 엄마　　　2박 3일? 그 저거 아니에요? 단식하고 길게, 긴데….

면담자   그거는 뒤에인 것 같고요. 그 바로 한 달 뒤에. 농성하고 그 이후에, 그 이후에 그거는 7월 달에. 엄청 오래 하셨던 것.

지성 엄마   아, 그것도 내가 못했어. 그 당시에도 못 했어. 그 당시에는 못 했던 것 같애.

면담자   그러면 국회 청원 운동, 그때 그 서명운동 하고 그런 거 참여하셨어요, 혹시?

지성 엄마   우리가 서명운동은 제일 먼저 했어. 그 다니기 전에 전체적으로 다니기, 서명운동 시작하자 하면서 우리는, 우리는 따로 했어요. 어디서 했냐면 화성 휴게소에서. 지성이 아빠가 휴게소를 다 찍어서 우리 가족들이 갈 수 있게끔 찍어놓은 게 있었어. 그래서 그렇게 안 하고, 그런데 사람들이 가장 많이 다니는 곳이어서 그렇게 한 건데, 그렇게 안 하고 전국을 다니고, 전국에 버스가 갔지만 우리는 그 당시 서명을 집중적으로 받아야 되겠다고 생각해서 우리 가족은 화성을 찍었어요. 화성에서 그 소장님이 참 잘 도와주서 가지고 화성에서 서명을 많이 받았죠. 정말 그건 오랫동안 받았어요. 내가 국회 금식 들어가기 전까지 서명받았어, 그거는. 그러고도 뒤에도 시간 되는 대로 했지만 하여튼 그 전까지는 계속 거기 가서 살았어. 거기서 처음으로 입을 뗐네, 내가. 사람들한테 서명해 달라고. (면담자 : 반응이 어떤가요?) 그때 괜찮았어. 물론 싫어하는 사람도 있었어요. 근데 대체적으로 정말 거기 가서 하면요, 이런 거 엄청 밑에다, 책상 하나 그 소장님이 주서서 이렇게 이

76
·

런 책상을 놓고 했는데 이 밑에 이게[음료수가] 쌓였어요. (면담자 : 주서가지고?) 네, 정말 가슴 아프고 또 애쓴다고 이런 차 여러 가지 병 종류로 하여튼 여러 가지로 갖다가 호두 빵? 호두 빵이죠? (면담자 : 호두과자?) 호두과자? 그런 것도 갖다주시고. 우리는 거기서 진짜 그런 분도 있는 반면에 또 욕하고 가시는 분도 있었고, 그런 분보다 찍어주시는 분들이 더 많아서… 물론 거기 오는 사람들이 다 찍는 건 아니지만 찍는 사람 중에는 그래도 우리가 거기 가서 몇 시간 타임을… 오후에 가거든요? 밥 먹고 출발을 해서 가면 저녁때쯤 6, 7시쯤 끝나서 오는데 정말 1000명이 넘게 우리가 받기도 하고, 그 자리에 우리 둘이… 서로 교대해 가면서 힘들면 잠깐 쉬면서 그랬어요. 계속 지속적으로 그것만이 우리가 이 일을 해결할 길이다라는 거를 그때…… 그래서 진짜 열심히 그 서명받는 일에만 그렇게 그때 매진을 했어. 그러고는 엄마한테 내가 한 15일 정도 요양, 엄마 저기 뭐라 그래, 그 뒷바라지? 병원에서 (면담자 : 간병?) 간병을 들어갔어요. 그리고 돌아와서 간, 저기 단식에 들어갔지. 처음 단식할 때 그때 시작했어요, 제가.

면담자　　　그때 상황은 어땠나요? 어떤 감정을 느끼셨는지도 괜찮고.

지성 엄마　　　나는 국회의사당을 가볼려고 해본 적도 없고 그랬는데 그렇게 가게 됐잖아요. 처음에 앉아가지고 그 국회의원들 들락날락하는 데에 정말 천막 치고 이렇게 산 거 아니에요. 한편으로는 비참하지. 번듯하게 오지 않고 들락날락하는 사람들 그 앞에 그 거지처럼 다들 우리 꼴이, 꼴이 아니죠, 그때는. 그렇게 거기서 24 시간씩 거기서 지냈으니까, 24시간이, 하루 24시간씩 계속 거기서 지냈으니까. 우리, 우리가 뭐라고 또 우리 지키는 그 경찰들, 하여 튼 무슨 몇 군데서 와서 지키더라고, 어마어마한 사람들이 경찰들이, 할 일들도 되게 없다 싶은 생각도 들 정도로. 그런데 정말 분노가, 그때는 분노가 머리끝까지 차올랐었어. 그리고 참 이 나라가 이게 뭔가, 그 밖에서 정말 억울해서 소리 지르는 그런 사람들도 들리기도 했고, 정말 우리는 거기 안 들여보내 주려고 하는데도 우리는 어떻게 해서든지 들어갔거든. 우리만 못 들어가고, 세월호 유가족만, 다른 사람들은 들어가도 되는데 우리만 못 들어가게 했다고. 그래도 우리는 어쨌든 어떻게 해서든 그 계단에 거기를 뚫고 들어갔어. 한번 들어가면 안 나오지, 그러니까, 또 들어가기 힘드니까. 그래도 어떻게든 들어와.

그런데 내가, 거기서 그 위잖아… 예를 들어서 거기에서 국회 의원이 위라는 건 아니지만 우리나라의 그 정치를 하는 새누리 위라는 느낌으로 이야기하는데, 그 밑에 이렇게, 시내를 이렇게 쳐다 보면서 참 우리나라 국민들이 불쌍하다는 생각이… '이렇게 정말 정의를 위해서 싸우지 않는 이 국회의원들을 사람들 밑에서 이렇게 열심히 개미처럼 일하고 있는 국민들을 등에다가 빨대를 꽂고 빨고 있는 저 이 국회의원들을 사람들은 모르는구나…' 내가 지금 당장에 우리같이 이렇게 아픔을 당하지 않는 한 이 사람들은 모른

다는 생각이 들어가더라고… 그게 불쌍하더라고. 참 불쌍하다, 고
통을 당하는데 고통받는지를 모르고 살고 있구나… 정말 열심히
개미처럼. 그리고 '이 나라는 저 국회의원들 때문에 이 나라가 세워
져 있는 게 아니라 국민들 때문에 이 나라가 지금 이만큼이라도 살
아 있구나…' 나는 그 당시에 그게 느껴지더라고요. 나는 어쩔 수
없이 아픔을 당한 사람이지만 근데 국민이 봐지더라고. 내가 무슨
크게 애국자도 아닌데 그게 느껴지더라고.

5
4·16TV에 함께 참여

면담자　　　그럼 단식투쟁 하시고 나서 그 뒤에는 어떤 활동에
참여하셨나요? 2014년에 혹시 기억나시는 것 있으세요? 광화문 도
보 행진도 있었고, 네.

지성 엄마　　　저는 그 후로는 촬영을 따라다녔어요. 제가 그 전에
는 공방에 처음에 제가, 그 후로 어머니가 돌아가셨고 그러면서 나
는 여러 가지로 좀 이게 안정이, 내 마음이 안정이 안 되더라고. 그
리고 처음에 내가 촬영을 할 줄도 몰랐고 내가 어떻게 도와야 될지
를 몰랐기 때문에 4·16TV에 처음부터 몸담지는 않았어요. 그러다
가 내가 할 것이 무엇인가 생각해 보다가 공방에서 리본을 만들기
시작한 것, 바느질로, 그래서 공방에 내가 들어갔죠. 리본을 열심

히 만들었지. 그게 처음, 제가 진짜 일을 한 그게 처음 스타트고, 그러고 다니면서 겨울 때쯤에, 그해 겨울 마지막 때쯤에 내가 편집을 배웠어요. 뭔가 도와… 너무 바빠서, 그때는 우리가 너무 여러 가지, 일들이 굉장히 많았잖아요. '너무 바쁜데 내가 도울 일이 없을까' 생각하다가 그 〈나쁜 나라〉 만든 감독님이 이렇게 엄마들한테 뭘 가르쳐주는 거예요. 컴퓨터나 그런 애들 앨범 만드는 영상, 이렇게 영상 이어지고 만드는 그런 것들을… 그래서 제가 물어봤죠. 그러면 저는 그것도 안 했을 당시였는데 "혹시 편집이 어렵냐…" 편집 팀이 저렇게 애쓰는데 편집할 시간이 없는 거야. 어디서 찍어 오기는 찍어 오는데 날마다 생방을 할 수는 없고, 찍어 오기는 찍어 오지만 찍어 오면 밤을 새는 거야. 우리 지성이 아빠가 사진을 찍었으면, 사진을 촬영을 하면서부터 거의 집을 못 들어오는 거예요. 밤에는 편집을 해야 되는 거야. 그러면 그 편집 때문에 그걸 매달려 있고 낮에는 돌아다니고 이런 상황이야. 그래서 내가 보인 게 그 모습이 보여서 편집이 어렵냐 그랬더니, "시간만 투자해라" 이러면 할 수 있다고 하더라고. 나는 원래 컴퓨터도 할 줄 몰랐던 사람인데 그러면 내가 나한테 가르쳐주라고 그래 가지고 한 달을 배웠네. 한 달을 일주일에 한 네 번 배웠어. 일주일에 한 번씩 한 달을 배워서 한 달의 기간은 한 달인데 네 번. 그래서 그걸로 조금씩 들어가서 보면서 지금 그 거기 학생들한테 배우면서 지금 도와줄 수 있는 거는 어느 정도는 도와줄 수 있는 그 후로는 편집하면서 생방할 때는 따라가서 이것도 도와주고 그러니까 그 후로는 다 쫓아다닌 거죠. 기자회견이며, 도보 행진하면 운전도 해서 운전도 해주고. 몰고 가면서 찍는 그런 장면도 있잖아요. 그런 것도 해주고 조금씩, 조금씩 도와주기 시작을 했죠.

면담자   그럼 처음 그 촬영에 나가시게 된 게 도보 행진이셨나요? 아니면?

지성 엄마   처음 촬영에 나간 거는 그냥 운전수로 나갔어요. 내가 촬영을 직접 한 거는 아니고, 처음부터 맡기지는 않았죠. 그냥 운전을 해주기 위해, 그게 계속 조금씩 가야 되잖아, 그 촬영을 할 때는 갈 수 있는 것이 아니잖아. 내가 운전을 할 줄 몰랐어요, 운전 자격증은 있었는데. 근데 내가 그 당시에 항상 지성이 아빠가 시장도 같이 가서 봐주기도 하고, 그 전에는 이런 생활을, 오로지 차는 이용할 때는 오로지 지성이 아빠가 하는 거였는데, 전혀 가정일에 신경을 못 쓰다 보니까 내가 해야 되는 상황이 됐어요. 그래서 정말 겁이 많아서 따놓기만 하고 내가 운전을 못 했는데, '안 되겠다, 내가 이러고 있으면', 뭔가 그 당시에 내 모습이 우울증이 있었어요. 왜 그러냐면 나도 위로를 받아야 되는데, 지성이 아빠가 계속 돌아다니고 나는 아이들을 돌봐야 되는, 그런 어쩔 수 없이 엄마의 역할이 남은 아이들을 돌봐야 되는 거거든. 내 마음은 참 그게 희한하죠. 내 마음은 지성이한테만 가 있는 거야. 근데 의무감으로 돌봐야 되는, 또 뒤에 아이들이 있는 거야, 너무 힘든 거야. 내가 돌봐야 되는, 내가 지금 돌봄을 당해야 되는 상황인데 나는 어쩔 수 없이 이 아이들을 돌봐야 되는… 혼자 남편은 이미 일에 매진하느라고 아까 밤낮으로 4·16TV에 매진해 있는데, 나는 나도 아프지만 애들도 돌봐야 되는 이런 상황에 있고… 그러니까 내가 우울증이 걸렸어. 뭔가 탈출구가 필요했거든. 그래서 운전을 배웠어. 그냥 말 않고 가서 배웠어. 배워서 좀 할 줄 알게 된 거지. 그래서 내가 도울 수, 운전할 사람이 필요하다고 그래서, 내가 그때부터 4·16TV에 조금씩 내가 도우면서 몸담게 된 거고, 내가 들어가면서 치유를 하고 내 스스로 치유가 되는 거지.

하여튼 그때 그 상황은, 그러니까 한마디로 이야기해서 14년도는 우울한 내, 나는 거의 밖에 이렇게 활동을 다른 엄마들은 일찍 나와서 이렇게 그렇게 돌아다니는 상황이 못 된 게 애들한테 잡히지, 애들 막내가 5학년짜리가 있었어. 애한테 잡혀 있지, 엄마가 아픈데 거기 잡히지, 나중에는 12월 달에 그 친구, 친구 간사님 한 분 계셨어. 그분도 돌아가셨어. 그러니까 그 1년 안에 딸 보내지, 엄마 보내지, 그 친구까지 보냈어. 그러니까 그해는 암흑기, 암흑기였어. 나한테는 진짜 암흑기였어. 누구도 나는, 나는 돌봐주는 사람 없는데, 나는 사람들을 돌봐야 되는, 의무적으로… 그런 때였어. 정말 내가 탈출한 거지(웃음), 내가 운전 배우면서 내가 탈출을 한 거야. 그러니까 이 우울증에서 탈출한 게 그거였어. 그러면서 편집 들어가고, 그러면서 카메라 좀 만지게 됐고, 내가 마음대로 내가 가야 할 곳에는 내가 운전해 가면서 가게 됐고, 스스로 치유하기 시작했죠. 안 그랬으면 미쳐버릴 것 같았거든. 내 마음은 남편도 모르더

지성 엄마 안명미

라고… 그렇더라고요. 왜 그냐면 자기는 이게 더 중요했거든, 그리고 눈코 뜰 새가 없었어. 처자식 챙길 저기가 없어. 한번 어디에 꽂히면 여기에 매진하는 스타일인데 일이 너무 많다 [보니까] 혼자, 혼자 그 학생들 데리고 그걸 하는데 자기가 어디 뒤에다 신경 쓸 틈이 없어. 그러니까 내 스스로 거기서 나왔지, 우울한 그곳을 나 혼자 탈출해서 나온 거지(한숨). 그러고는 그 후로는 음…… 간담회도 가고요, 그『금요일엔 돌아오렴』 그 책이 나오면서 간담회를 다니기 시작을 했어요. 그리고 〈나쁜 나라〉 영화가 나오면서 또 영화 본 후에 또 간담회를 했고, 그러고는 기독교, 기독교 부스에 예배드리러 오시는 분들을 위해 간담회를 했고, 그다음에 그 후로 합창단, 합창을 한다고 그래서 합창을 하기 시작을 했죠.

6
합창단 활동

면담자　　언제 시작하신 거예요?

지성 엄마　　한 200일 정도 됐던 것 같애. 지현이가 나올 당시에 처음으로 우리가 그 200일 행사에 섰던 것 같애요. 그때부터 시작을 처음 최초로 중창단으로 시작을 해서 지금은 합창단으로 여기저기 한 50여 군데 행사를 우리가 초청 들어오면 가서 하는 계기가 됐고, 그 후로는 내가 저 편집 활동 하면서 컴퓨터를 또 배우게 됐어요. 근데 그러니까 내가 바빠졌어. 간담회 다녀야 되고 또 이 컴퓨터를 다뤄야 하는 상황이 되니까 또 배워야 되고… 모르던 사람이. 공방에 가서 엄마들과 이렇게 그것도 필요하거든요. 그 엄마들과 이야기하면서 뭔가에 몰두하고 싶었어. 생각을 안 하고 싶어. 뭐를 만들면 생각 1~2시간은 잊어버리거든… 거기에 매진하다 보면. 그래서 거기도 가서 앉아서 그것도 하고. 지금은 정말 너무 바쁘게 살아야 해서 지금 좋다고, 애들도 엄마가 그 우울해서 있는 것보다 엄마가 바쁘게 돌아다니는 게 훨씬 보기가 좋다고 지금은. 처음에는 정말 잡념을 잊어버리기 위해서 바쁘게 했어요. 쉬지 않고 바쁘게 돌아다녔어. 그랬더니 몸이 축나더라고. 그래서 지금은 약을 먹어요. 한 사고 나고 한 1년쯤 지나니까 내 몸이 망가지더라고요. 그래서 그때부터 당뇨, 갑상선, 또 무릎 염증, 이런 것 빈혈 이런 것, 요새는 간도 안 좋다 그러고 간약까지 먹기는 하지만 그래도 조금 쫌 조절을 해요, 요새는, 먹고. 근데 바쁜 게 좋아요(웃음). 계속 바쁜 게 좋아. 근데 피곤해. 회복이 젊을 때는 자고 일어나면 이렇게 회복이 되지만 이제는 회복이 안 돼. 그래서 저녁 오후나 돼야 회복이 되는 거 있잖아요. 저녁때쯤 되어야 다시 몸이 깨어나는. 그래도 마음으로는 바쁜 게 좋더라고.

면담자   그 아까 합창하셨다고 하셨는데 그럼 처음에 어떤 계기로 참여하게 되신 거예요? 어떻게 아셨고, 왜 참여하게 되셨는지?

지성 엄마   그거를 나한테 직접 온 거는 아닌데 그 당시에 뭔,

그 공방에 잘 안 나왔어. 왜 사람들이 왜 앉아 있는 거야, 할 일 없이. 그게 싫었거든요, 나는. 그 팽목항에서 정말 아무것도 하지 않고 사람이 그 지내는 그 시간이 너무 싫어서 그랬는가, 이렇게 분향소에서 그냥 분향[소]에서 앉아서 있는 모습들이 그 시간이 너무 싫었어. 그렇다고 해서 집에 있으면 우울증밖에 없었을 때도 그랬어. 그 당시에 어디 이쪽에 오혜란 씨인가? 그쪽에서 먼저 이야기를 했던 것 같애. 그러면서 온유 엄마, 창현 엄마 이렇게 됐고, 거기다가 지성이 아빠를 노래를 좀 한다는 이야기를 들었는가 오라고 해가지고 그 지성이 아빠 통해서 같이 가자고 이렇게 해서, 처음에 그렇게 몸담게 됐죠. 그래서 처음 연습을 하는데 기억저장소에서 시작을 했어요. 그러니까 그쪽에서 이렇게 우리가 이렇게 들어왔던 것 같애. 오혜란 씨가 노래를 하는 사람이잖아요. 그렇게 들어왔던 것 같애. 그래서 그 당시로서는 '뭔 노래' 나도 그랬지. '뭔 노래… 우리가 지금 노래할 때인가' 그랬었어요, 그때. 그래도 뭔가 노래를, 내가 가지고 있는 재능 중에 하나가 노래였기 때문에 그냥 했어요. '그래, 내가 할 수 있는 일을 해야 되겠다' 그런….

처음 시작할 때에는 그런 마음이야, 모든 걸 다, 내가 필요한 곳에 해야 되겠다. 단식도 내가, 나는 처음에는 말 잘하는 사람이 아니었기 때문에 말을 할 줄 모르는 사람이었기 때문에 그거는 말이 필요 없잖아. 그래서 내가 기도, 이렇게 할 때 단식, 금식 이런 것들을 좀 기도할 때 좀 했거든요? 그러니까 '그래, 그것도 내가, 내가 할 수 있는 일이라면 해야 되겠다' 그래서 내가 그것도 시작을 한 거고. 그러니까 굳이 말 안 해도 되는 일이잖아. 그리고 '내가 할 수 있으면, 내가 들어가서 할 수 있는 일이라면 해야 되겠다' 이런 온갖 도움을, 내가 들어가서 뭔가 도움을 주려고 하는 그런 거로 시작을 했어요. 처음에 힐링 이런 걸 떠나서 그런 게 아니라, 나는 내가 들어가서 뭔가 도움이 된다면 하는 그런 마음으로 했어요.

7
『금요일엔 돌아오렴』 및 간담회

면담자　　　그 아까 『금요일엔 돌아오렴』 말씀하셔서 가지고. 그거는 어떻게 참여하게 되신 거예요?

지성 엄마　　　그것도 지성 아빠가 굉장히 바쁜데 그 작가님, 김순천 작가님이 계속 그 유가족들과 이렇게 만남이 그 당시로서는 참 어렵죠. 접근하는 사람도 어려웠을 거고, 음… 우리도 이렇게 우리 아닌 다른 일반인을 만나는 게 너무 힘든 때였거든. 그 뭔지 모르지만 그런 거 있어요… 그 같이 있는 게 너무 힘든 거. 내가 교회에 가서도 처음에 중간쯤에 앉았다가 나중에는 사람들이 내 모습을 보는 게 싫어. 아이를 잃은 저 엄마의 모습을 남들이 볼까 봐 그게 너무 싫었거든요. 그래서 이렇게 일반인을 이렇게 받아들이기가 쉽지 않았는데, 그 김순천 작가가 굉장히 말은 못 하고 계속 주변에 서성이시더래는 거예요. 그래서 지성이 아빠가 뭐냐고, 하도 오랫동안 서성여서 이야기해 보라고 그랬더니 이걸 한다고 그래서 그 이야기를, 그 이야기를 한 거는 지성이 아빠고, 그다음 지성이 아빠가 너무 바쁜 거야. 간담회를 다닌다고 하는데 4·16TV를 하고 있으니 간담회 다니는 건 할 수가 없는 거지. 그런데 반별로 한 명씩 나와서 그런 데를 다닌다고 하는데, 그래서 나보고 가래는 거예요. 나는 무슨 말을 했는지도 몰랐고 내 상태로 뭘 그랬던 상태였는데 그거 한다고 그러면서 그때부터 지성이 아빠한테 처음 스타트 이런 것들이 주어질 때 같이 가는 그게 됐어요, 동기가. 거기서 사람들 앞에서 그 당시에 이야기를 해야 되잖아. 정신 하나도 없었어. 그런데 평소에 말을 하던 사람은, 남 앞에서 말하던 사람이 아닌데, 그런데 내가 할 수 있었던 거는 내가 본 것들이 있었기 때문에. 정말 누구 말대로 이 정신이 안드로메다로 가 있는데 (웃음) 내가 느낀 것들은 입으로 말하고 있는 것 있잖아요, 그런 상태였어요. 그러면서 입이 터졌어요.

나는 우리 지성이가 엄마를 만들고 있다는 생각을 해요. 생각은 내가 예전에 말 안 할 사람들 앞에서 말하고 이런 걸 안 했을 당시에, 생각은 내가 정리해서 생각은 여기 다 있는데, 여까지 와 있어… 내가 이 말을 하고 싶다라는 게. 근데 그게 이렇게 그거를 해 본 적이 없어서 그게 숙달이 안 되니까 나오지를 못하는 거야, 다시 들어가 버린 거지 계속. 그런데 어쩔 수 없이 이런 이야기는 해야 되잖아. 그러니까 할 수 없이 말을 하다 보니까 말을, 말이 트이게 된 거죠. 그래서 지금에 와서 생각해 보면 '지성이가 나를 사람을 만들고 있구나…' 지성이가 이런 일이 없었으면 나는 그냥 그 모습 그대로 살다가 갈 사람이거든. 사람들 앞에서 튀지 않는 사람? 얌전한 사람? 이런 사람으로. 그런데 내가 본 거, 내가 생각한 거, 이런 것들을 말을 할 수 있게 됐죠. 정말 고맙지, 우리 지성이한테. 한편으로는 내가 일어나지, 일어나면 안 될 일이었지만, 또 한편으로는 이런 계기로 인해서 세상 사람들한테 엄마가, 그러니까 전에 나한테 만약에 이런 이야기들을 하라 그랬으면 나 못해, 나 못한다 너네들이 해라, 나는 못한다 이러고 뒤로 빠졌을 텐데, 우리 지성이가 나한테 "엄마가 말을 하고 다녀" 이런 것 같어. "엄마가 말을 해야 돼" 이걸 가르치고 있는 것 같애.

면담자　　　그러면 그 간담회 다니시면서 혹시 기억에 남는 일화 같은 것 있으세요? 혹시?

지성 엄마　　음 글쎄. 특별히…….

면담자　　　반응 중에서 기억에 남는 반응이 있었을 수도 있고.

지성 엄마　　그런 거 있죠. 우리 지성이 아빠가 화가 나서 이렇게 뭐랄까… 우리 유가족들이 너무 오랫동안 정말 화가 난 거를 다들 정말 여기 여까지 다 차 있는, 내가 느낄 땐 내가 여까지 차 있는 게 느껴졌거든요? 그런 화를 이 가슴에 담고 있잖아요. 그러니까 우리가 가서 이야기를 하다 보면 화를 내고 있어요. 그분들은 우리 이야기를 듣고 싶어서 왔지만, 그분들이 잘못은 없지, 그분들한테 얼마나 고마워해야 되는데, 이 정부에다가 화가 나는 건데 거기 있는 사람들 앞에서 화를 내는 거야, 화를 내요. 그러면 내가 옆에서 듣는 내가 민망하지, 나는 말 않고 있으니까 들어지잖아, 그 상황을. 그래서 미안해요. 그런데 나는 부드럽게 해야 되잖아요. 그러면 우리 지성이가 엉뚱하게 했던 것들? 그리고 정말 그 1학년 1학기 때는 치마를, 그 이렇게 사이사이 이렇게 벌어져 있잖아. 이쪽 하나고 이쪽 사이가 하나가 벌어져야 걸어갈 수 있게 되어 있잖아요. 그런데 그 사이를 탁 꿰매놨어. 그러니까 짧게 이거 좁게 이렇게 만든 거예요. 그러니 걸어갈 수가 있나. 그러니까 걸어가야 되는데 걸어는 가야 되잖아 그러니까 옆에가 찢어지기 시작하는 거야, 꿰맨 데가. 그런 이야기도 하면서 그분들을 한 번씩 웃겨주기도 했고, 그렇게 해서 또 분위기 이렇게 돌리기도 하고 그랬어요. 그러니까 아까도 이야기했지만 그 PD가 한 분 그러더라고 "어머니, 정말 어머니가 이 정신은 나가 있는데 입으로 말을 하고 있다"는 나한테 그 이야기를 하더라고. 그래서 "어머, 어떻게 알았어요"(웃음). 입으로는 말을 잘하는데 이, 벌써 정신이 나가 있더래는 거예요. 최초의 내가 그렇다는 거죠. 최초의 내가 그렇게 사람들 앞에서 입 뗄 때 그런 모습이었다는 거죠. 지금은 정말 다른 사람하고 이렇게 가면 "언니, 말 너무 잘해서 내가 할 말이 없어서" 이렇게 말할 정도로 지금은 그래요. 지금도 사람들 앞에 서는 게 편하지만은 않지만 그래도 많이 좋아졌죠.

면담자   질문 같은 것 기억에 남는 것 있으세요? 간담회 끝나면 질문받으시잖아요. 주로 많이 나오는 질문이나 아니면 기억에 남는 질문이 있으셨다든지.

지성 엄마   돈 어떻게, 보상금. 가장 힘든 질문은 보상금 질문이에요. 궁금해하시서, 보상금이 도대체 얼마나 나왔냐. 사실 어쩔 수 없이 보상금 이야기할 때는 우리 얼굴이 안 좋아. 느껴질 거야, 그쪽에서도. 그리고 어떤 분은 우리도 힘들었다, 고잔동 주민들도 그러시더라고. 우리도 정말 그 당시에 화장도 않고 다닐 정도로 힘들었다 그런 분도 계시더라고… 그러고는 대체적으로 그렇게 날카로운 질문들을 하시는 분들이 없더라고. 그냥 위로해 줄려고 하고 그런 분들이었어, 대체적으로. 그런 소수야 어쩌다가 그런 거 아직도 해야 되냐, 아니면 정치적으로 풀지 말고 정치적으로 풀지 말라고. 나도 그게 이게 정치적인 건지 몰랐어. 우리는 처음에 정치하고 별개로 가고 싶었던 사람들이거든? 어느 쪽으로도 치우치고 치우치면 안 된다, 그래 그런 생각들을 우리 부모들은 가지고 있었고, 혹여라도 우리 4·16TV에 어떤 봉사자가 들어왔는데 어디에, 어디에 소속되어 있던 청년이었더라고. 자기 소개서를 쓰는데 중간에 누가 인터뷰를 해달라고 그랬나 보죠? 그러니까 소개서를 쓰는데 어디 소속된 청년이라는 거를 이렇게 써놔서 지성이 아빠가 그거를 보고 깜짝 놀랐다는 거예요. 우리가 지금 어디에 소속되어 있거나 이러면 절대로 안 되는 공격이 들어오는 지금 상태였는데, "정말 네가 훌륭한 청년이지만 우리가 지금 이거를 끌고 나와야 되기 때문에 미안하다, 너를 못 쓰겠다" 그렇게까지 했을 때였는데, 그렇게 너무 모르는 거지.

우리는 이게 당해보니까 이게 정치적으로 이렇게 애쓰는 이런 것들을 안 해주고 뭔가 특별법, 우리가 지금은 개정을 해야 되는 상황이잖아요? 그러면 개정안을 받아들여 줘야 되고 이런 것들이 좀 국회에서 땅 땅 땅 쳐야 되는 거거든요. 근데, 그런 것들이 위에서 이렇게 안 치고 밑에서 그냥 시민들끼리 그냥 알아서 할 수 있는 일이 아니더라는 이야기지. 그러니까 뭘 모르… 정확히 모르시는 분은 정말 순수하게 우리끼리 해결하자 이렇게 말씀하시는데 그게, 그게 아니더라는 이야기죠. 정확히 이 일이 어떻게 되어가야 된다는 거를 알면 그렇게 말씀하실 수 없는데, 그분은 정말 순수하신 분인 거예요. 그러니까 그런 분들 있으면 정말 대답하기가 참 그렇더라고. 그런 것들….

8
4·16TV 활동 중 기억에 남는 사건

면담자   4·16TV 촬영하러 계속 나가셨잖아요, 기억에 남는 사건이나 이런 거 있으셨어요? 촬영하시면서 여러 참여하셨던 것 중에?

지성 엄마   우리, 우리가 하는 일들은 다 맨날 그, 거의 비슷한 일들이라… 안 그러면 행사하는 장면.

면담자   그 시행령 폐기 관련해서 한참 활동 많이 하셨잖아요. 유가족분들이 삭발식도 하시고. 네, 농성도 엄청 많이 하시고 집회도 하시고 그러셨는데 그때도 촬영하셨던 거죠?

지성 엄마 그렇죠. 우리는 항상 그런 데에는 항상 가 있으니까. 그런데 그 카메라, 카메라가 싸우는 그 속에 들어 있을 때, 시민과 경찰과의 그 대치 상황 속에 들어 있을 때, 이런 때가 제일로 무섭다 그럴까… 그래도 그 안에서 그 촬영을 해야 되는… 이럴 때, 그런 때가 인상 깊어요. 그리고 내가 가장 인상 깊었던 부분은 물대포 쏠 때. 그 속에 들어가야 되잖아. 그 속에 들어가야 되고, 그 삼엄, 그 경찰들이 바리케이드가 차로 쫙 쳐 있고, 근데 거기 안에 나도 같이 들어가야 된다는 거죠. 우리 카메라는, 우리는 카메라를 들고 있기 때문에 적군에도 들어가 있어야 된다는 것, 그럴 때 무섭더라고. 경찰들만 우글우글한 속에… 물대포 쏴대고 막… 정말 사람들 질질 끌려가고… 그런 속에 들어가 있어야 된다는 거, 그런 것들이 인상 깊죠. 차를, 그 백남기 그 농민, 그분 쓰러질 그 당시에 우리가 바로 옆에 물대포를 이렇게 쏘고 있어요. 그러니까 사람들이 다 저 멀리 가 있지. 그런데 우리가 그 시위대 뒤를 쫓아오고 있었어요. 그런데 스톱이 된 상태잖아. 그럼 우리가 거기 카메라가 뒤에 있어서 아무 소용이 없잖아요, 앞에까지 가야 되는데. 그런데 우리가 중간을, 시민들 그 중간을 뚫고 앞에까지 갔잖아. 그 긴 통로를 뚫고 앞에까지 전진을 했죠. 가면서 정말 애기들도, 애기 유모차 끌고 나오는 엄마 아빠들도 있었고, 거기에는 선생님들도 있었고, 있더라고요. 그런데 차마 자기네들 얼굴 비춰주지 말라고 그러더라고. 알잖아요… 그런 장면들도 있고….

또 그래서 그 앞에까지 가는 중간에 학생들 청년들을 만나잖아. 그럼 청년들이 4·16TV… 다 비켜, 다 비켜라 그러면서 알고 있다는 거, 청년들이 알고 있는 사람들이고 그럴 때 뭔가 뿌듯한 그런 기분. 뭔가 우리 편이야 이런 거 있잖아요… 기자들도 다 싫어하지만 우리 편이어서 다들 도움을 준다는 거죠, 그거를 뚫고 가게끔. 그런 것들이 아주 인상 깊죠. 나는 생전 처음 내가 그렇게, 그죠? 내가 지금껏 살면서 내가 그렇게 관중을 뚫고, 차를 몰고, 지성이 아빠는 그 지붕 위에서 그거를, 카메라를 잡고 내가 운전을 해서 관중을 뚫고 들어가는 거예요. 그렇게 해본 적이 없잖아, 그렇게 살아본 적도 없고. 그런데 그걸 그렇게 뚫고 들어가는 그 당시 그 반응들, 그런 것들, 그런 것도 인상 깊고, 그 앞에 가서 우리가 그 물대포를 쏘아도 문 열자마자 있잖아요. 우리 서로 이렇게 교대도 해야 되고 상황이 무슨 밖으로 빼야 될 상황이면 문 열자마자 차 안으로 물대포 쏘는 거예요. 그 후춧가루 들어오고 그러기도 하고, 어디선가 돌이 날아와서… 위에 뭐라 그래요? 선 (면담자 : 선루프 이야기하시는 거예요?) 선루프? 거기로 들어오는. 정말 안 그랬으면 내가 그 밑에 있는데 돌이 하나 와갖고 완전 박살 났잖아. 안 그랬으면 그 조금만 더 갔으면 지성이 아빠가 그 돌로 맞어. 와, 그때 고생 되게 했잖아요. 그 최루탄 가스 왕창 우리 차에 부어가지고 차, 돌로 차 부숴놓고 그런 고생한 것들, 그 장면… 그렇게 최전선에 가서 그래야 된다는 것. 뒤에도 봐야 되고 뒤에 그렇게 이게 엄마들, 애기 아빠들, 학생들, 정말 그 시민들 이런 모습도 담아야 되고, 앞에 가서 경찰들하고 대치하면서 싸워야 되는 그런 장면들?

지성이 아빠는 그런 게 있어요. 우리 도보 행진을 딱 한다 해도 북돋아 주는 거지, 그 사람들한테. 가면서 그 힘을 주는 그 말을 크게 하는 거야… 그런 모습들을 보기도 하고… 그러니까, 그러니까 그 사람이 힘을 받아요. 그러니까 우리 편 이런 거 있잖아요. 우리 TV, 그때 제대로 된 우리 편 TV가 없다 보니까 "우리 TV다, 우리 TV다"라는 그런 서로 주고받고 하는 것 때문에 그런 힘 때문에 이게 지금까지 존재를 하고 있지 않나 싶어요. 그런 것들은 내가 4·16TV를 한 것 중에 좋은 게 뭐냐면 나는 원래 뭔가 일이 없으면 그냥 가서 놀지는 않거든. 그냥 가서 노는 자리는 안 편해. 일도 아무것도 안 하면서 거기서 노닥거리면서 이런 거 싫어하거든. 그런데 청문회를 가더라도 나는 앉아서 구경하는 사람이 아니고 하루 종일 카메라를 들고, 아니면 그 생방을 하잖아. 아니면 컴퓨터에 앉아서 그거를 보고 있고, 일을 하고 앉아서 뭔가 한다는 거, 그냥 앉아서 보지 않고 내가 이 일에 있어서 뭔가 도움이 되고 있다는 것. 이런 부분들이 나는 굉장히 잘했다고 생각하는… 성미가 이래서 안 돼. 놀기도 하고 그래야 되는데… 그런 부분들은 내가 잘 살고 있다고 생각이 들더라고요.

면담자 아까 청문회 말씀하셔서 그때 저번 시간에 청문회 촬영하시면서 보셨잖아요. 그러니까 되게 객관적으로 바라보게 되더라고 말씀하셨던 것 같은데 어떤 의미에서 그런 생각을 하셨는지.

지성 엄마   이렇게 저기 관중석에 앉아 있으면 감정만 들잖아요… '저 죽일 놈' 이런 생각이 들기도 하고. 그런데 나는 그 감정을, 감정이 없지는 않지, 그런데 그거를 나타내지를 못하잖아요. 이 카메라를 잡고 있기도 하고 이거를 보고 있기도 그러다 보니까 감정에만 치우칠 수가 없더라고. 양쪽이 다 있어야 되는, 나는 유가족이니까 감정도 있어야 되고, 카메라를 들고 있어야 되니까, 이게 방송이다 보니까, 정신을 똑바로 차리고 있어야 되는. 그러니까 내가 합창을 해도 그래요. 나 혼자 집에서 연습할 때는 많이 울어요. 그 가사, 가사가 너무 마음이 아파서. 그런데 내가 가서 합창을 해주는 자리에서는 정확히 그 사람들한테 전달을 해야 되기 때문에 울면 거기 감정이 내가 휩쓸리면 안 되잖아. 그래서 그 자리에서는 또 똑바로 정신 차리고 해요. 내가 좀 그런 스타일인가 싶네, 그러고 보니까. 그러더라고….

어제 은평구에 가서도 우리 부부가 가서 노래를 했어요. 부부 초청이 돼서 그 연습할 때 많이 울었어, 울컥해 가지고. 그 '아침이슬' 노래 중에 "서러움이 알알이 맺힌다" 이런 게 있어요. 그동안에 우리가 이 사건을 통해서 아이가 죽은 것도 서럽고, 우리가 국가에서 우리의, 그 우리가 정정당당히 원하는 것도 안 들어주고, 사람들로부터 손가락질당하는 것도 있고 그런 것들이 너무 가슴 아픈 거야(울음). 연습할 때는 목이 메여가지고 힘들었어요. 그런데 어제 가서 또 부를 때는 잊어버려야 되잖아. 그런 거 하고… 아이고.

면담자   청문회 촬영하시면서 기억에 남는 일이 있으세요?

누군가의 말이었다든가 뭐….

지성 엄마 　 우리 유가족 중에는 애기 사진을 가지고 왔던 동수 아빠. 오죽했으면 저 사진을 들고 나왔을까… 그런 거. 그리고 그 제주도에 그 김동수 씨. 이름도 똑같네. 그분은 몸에다 상해를 했잖아, 너무 답답하니까. 너희 거짓말 그만해라 이래서 몸에다 그랬잖아, 그것도 그렇고. 그리고 어떤 사람은 "너무 철이 없어서" 학생들을 그렇게 말하기도 했어요. "뭘 모르더라" 이렇게 말한 선원도 있었어. 그리고 모르쇠로 서로 내 책임 아니라는, 그 모르쇠로 가는 사람들, 끝까지 어떻게 해서라도 살아야 되겠다는… 답답하지, 그런 사람들 우리가 보고 속이 터지지 막. 거기 있을 때는 화가 나는 거야. 이번에는 더더욱 더 그러더라고. 답답한 거예요. 그거 쳐다보는 우리가, 그냥 그 사람들 듣기만 해야 된다는 그게 천불이 나는 거예요, 속에서. 그리고 너무 뭐랄까, 피곤하더라고. 2차 청문회는 그들이 하는 그런 모든 것들이 우리하고 안 맞으니까 피곤하더라니까요. 굉장히 피곤했어요. 촬영하면서 여러 가지 그런 속에서 올라오는 것들을….

면담자 　 최근에 교실 존치 문제로 좀 시끄러웠잖아요. 그때 농성하고 이러셨을 때도 촬영 가셨어요? 그때는 어땠나요, 상황이?

지성 엄마 　 상황은 다, 다들 아는 거겠지만 엄마들이, 안 나오던 엄마들도 나왔어요. 그러니까 뭔가 이렇게 건들면 일어서는 그거는 이 속에 다 있다라는 생각이 들더라고. 그 자리가 처음에는 우리가 교실에 대해서 그것까지를 생각할 겨를이 없었지만, '기억과 약속의 길'을 하면서 그게 느껴지더라고요. 우리가 원하는, 정말 우리는 이 일을 통해서 진상도 규명이 되어야 되고, 아이들이 죽음이 헛되지 않게 정의가 바로 세워져야 되는 것도 있지만, 이 교육도 제대로 되어야 된다는. 이것도 딱 하나만 있는 게 아니라, 이쪽도 해야 되고 이쪽도 해야 되고 이런 일들이 있잖아. 그래서 '기억과 약속의 길' 하면서, 교육청에 제시를 못 하는 게 여기에 그냥 있는 거구나. 정말 생명이 얼마나 귀중한 건가를 그 아이들의 그 자리, 생활했던 그 자리들을 보면서, 그냥 사람들이 와서 그냥 교육이 되는 거구나라는 거를 느끼는 장소잖아요. 그래서 그런가, 엄마들이 그거를 많이 느끼지 않나 싶더라고. 그래서 그 자리는 그대로 있어야 된다라는 그런 생각들이 아마 있었기에, 그리고 우리를 좀 기만했잖아. 그니까 엄마들이 한결같이 처음에는 이렇게 어쩔 수 없는, 이런 투표로 인해서 그 학교를 빼달라고 하면 빼주자라는 이런 투표를 할 수밖에 없게 되었지만, 우리를 기만한 거를 보고 그 사람들의 생각이 우리와는 다른 거를 보고, 그 얼마나 이게 교육의 현장이라는 것 자체를 이 사람들은 모른다는 거 이런 거를 보고, 우리가 '아, 아니구나. 우리와 생각이 다르구나…' 우리는 우리 아이도 중요하지만 그 학교를 재학생들한테도 중요하다고 생각을 했기에 어떻게 보면 정말 아니지만 물러설, 물러설 수밖에 없는 상황으로 갈 수밖에 없었잖아요. 그런데 저쪽에서 하는 그 행태는 아니라는 생각이 들면서 엄마들이 '그럼 우리도 못 빼주겠다' 요렇게 마음이 들게끔 상황을 만들어버렸잖아요. 긴박했죠, 그 당시에도. 행정실장이며 교장이며 이런 거하고 재적 상태며 이런 상황들이 그래도 부모들이 끝까지 어쨌든 대책위에서 이렇게 어떤 결정이 나기까지는 부모들이 그 자리를 지키려고 노력을 했다는 거. 노력들을 많이 해요, 성과가 없어서 그렇지… 우리 생각대로 안 되니까… 지성이 아빠가, 그래도 나는 집에 왔다 갔다 해야 되지만 그것도 피곤하더라고, 이렇게 계속 눈만 뜨면 거기 가야 됐어야 되니까. 그런데 지성이 아빠는 거기서 계속 잤잖아요. 계속 쪼그리고 앉아서 자고 일해서 나중에는 힘들어하더라고. 그거 끝나고는 조금 드러눕더라고.

면담자 그럼 혹시 해외에 방문하거나 간담회 하러 가시거나 이런 건 있으셨어요?

지성 엄마 아, 저희는 없어요. 한 번 기회가 있었는데 이것저것 생각하다가 못 갔어.

9
4·16 이후 신앙생활의 변화

면담자 원래 신앙이, 믿음이 있으셨다고 하셨죠, 원래 있으셨잖아요 그죠?

지성 엄마 원래 집안이.

면담자   그럼 그 이후에 변화가 왔다든가 이런 적은 없으셨어요?

면담자   있죠. 큰 변화가 왔지. 예전에는 그냥 교회의 프로그램 그대로의 그 신앙생활이라 그러면, 그래서 피곤할 정도로 그런 신앙생활을 했어요, 내 몸이 피곤할 정도로. 근데 이 일을 하면서 우리 몸이 너무 피곤하고 힘든데 다 따라갈 수 없었고요. 우리가 간담회를 하려고 다닐 때에도 교회에서 움직이지 않으면서 또는 우리가 그, 나가서 집회를 할 때에도 전혀 교회에서 움직이지 않는 모습을 보면서 '이게 하나님이 원하는 것일까?' 기도는 해야 되지만 나가서 외치는 것도 해야 된다는 생각이 그게 탁 들더라고요. '이거는 아니다. 앉아서 기도만 하는 이런 신앙은 반쪽밖에 안 되는 거다. 일어서지 못하는 앉은뱅이와 같은 모습이구나, 교회의 모습이'. 그래서 저는 '정리를 해야 되겠구나…' 교회를 정리할 수는 없죠. 내가 나는 믿음이 있는 사람이기 때문에 정리는 할 수 없지만 '내 신앙생활의 정리를 좀 할 필요가 있구나…' 그래서 하나님은 믿지만 내 행동도 같이 가야 된다는 이런 생각으로 인해서 조금 제 신앙생활이, 예전에 그런 신앙생활이라면 지금은 불량, 그 예전으로 보면 불량이죠… 그런 삶을 살고 있어요.

그런데 지금은 많이 정립이 되었다 그럴까. 전에는 뭔가 정립이 되지 않는 신앙생활이었고, 그게 단 줄 알았죠. 그게 다인 줄 알았어… 다른 걸 볼 줄 몰랐기 때문에. 그런데 내가 이 일을 통해서 국가의 모습을 봤고, 정말 발언, 진실을 말하지 않는 언론의 모습을 보았고, 말씀대로 행하지 않는 교회의 모습을 봤단 말이야. 뚜렷이 봤어. 그냥 들어왔어. 그냥 '『성경』을 읽으면 눈이 열린다' 이런 이야기가 있듯이, 내가 우리 아이를 통해서 지금 국가하고 이렇게 이런 싸움을 하면서 전체적으로 다 본 거죠. 눈이 트인 거죠. '이거밖에 안 됐구나…'.

그래서 지금은 제가 교회에서 이렇게, 제가 기독교 간담회에 예배를 드리는 이유 중에 하나가 내가 생각했던 거를 이야기해야 된다, 여기 오면 제가 아주 맹비난을 합니다. 교회가 이것밖에 안 되더라, 정말 가슴 아플 거야 듣는 사람은. 그런데 내가 본 교회의 모습은 나는, 나는 뭐라 그럴까, 내가 적당히 다녀… 뭐랄까 적당히 신앙생활 했고, 내가 교회에 대해서 잘 몰랐고 그러면 내가 이렇게 맹비난할 수 없어요. 그런데 내 뿌리는 기독교 뿌리가 있었기 때문에, 그리고 지금까지 내 신앙생활을 정말 열심히 하려고 충실히 하려고 노력을 했고 하나님과의 그런 만남도 있는 사람이고 이랬기 때문에, 나는 당당하게 내가 말할 수 있다는 거, 이런 신념을 가지고 제가 이야기해. 감히 예전에는 어디 감히 목사님들한테 무슨 이야기를 우리가 할 수 있었어, 대체. 듣기만 했지. 당신들도 좀 들으세요, 난 이거거든요 지금은. "당신들 내가 예전에는 하나님처럼 섬기던 목사님들이었습니다. 그런데 내가 본 목사님들 모습은 이거 아니지 않습니까" 그거를 이야기하는 거예요. 그래서 거기 온 목사님들도, 이제는 우리가 어쩔 수 없이 먼저 깨닫게 되었고 먼저 보게 되었지만, 아주 쟁쟁하신 목사님들도, 아직도 깨닫지 못한 점이 있다면 좀 깨달으시라고. 그분들도 아프고 나도 말할 때 아파요. 그런데 해야 될 이야기라고 생각하고 이 이야기를 해요. 개인적으로 만나면 "죄송합니다" 이렇게 이야기하지만 (웃음). 제가 다 모든 사람이 있는 자리라면 그걸 해야 된다고 생각을 하고 아주 강하게 "당신들, 하나님의 백성만이 아니라 당신들은 대한민국 사람입니다. 이 대한민국이 세월호같이 빠져가고 있는데 당신들은 어디에 있을 겁니까, 공중에 떠 있을 거냐"고. 그러니까 나는 이 일을 통해서, 나는 대한민국 사람인 거를 내가 알았거든요. 확실하게 이게 난 대한민국 사람이었구나… 이게 오더라고요.

면담자   어떤 점에서?

지성 엄마   이 나라가 이렇게 엉터리로 가고 있는데 나 몰라라 하고 살았다는 거죠. 사람들이 교회 안에서, 교회 안에서 이 정치는 나 몰라라 하고 교회 생활만, 교회 생활만 하고 있다는 거죠. 그거를 이야기하는 거, 그렇게 살면 안 되더라 이거죠. 내가 지금 이 나라를 보니까, 이 나라가 있어야 당신들도 이 대한민국 사람 여기 존재하지 않냐, 하늘나라 사람이긴 하지만 하나님의 백성들이기는 하지만 작게 보면 대한민국 사람, 요 땅덩어리 안에 있는 거잖아요, 이 국가 안에. 그러니까 나는 그거를 이야기하고 싶은 거예요. 그러면 "만약에 국가가 잘못하고 있으면 가만히 있으면 안 되지 않습니까", 아니라고 말해주라고, 그래야 그 사람들이 아니구나라는 걸 알지. "자기네들 마음대로 움직이고 있는데 아니라고 말하지 않으면 그 사람들 마음대로 하지 않겠느냐", 나는 그거를 이야기하고 싶어요. 하나님의 백성으로 살지 말라는 이야기가 아니고, "대한민국 사람으로도 살아라", 그 이야기를 제가 얘기, 우리 기독교인들을 만나면 아주 더 강하고 아프게 제가 그 이야기해요. 아주 꼬집어서… 왜? 안타까우니까… 같은 기독인이기 때문에. 그냥 그렇게 살면 안 되고 한걸음 더 나가서 좀 넓게 좀 봤으면 해서 제가 아프지만 아프게 이야기해요.

면담자	네. 그러면 오늘은 더 하시고 싶은 말씀 있으세요?
지성 엄마	아니요. 물어보지 않으면 기억도 안 나.
면담자	오늘은 여기까지 하겠습니다.

3회차

2016년 6월 24일

1
시작 인사말

면담자 　　본 구술증언은 4·16 사건에 대한 참여자들의 경험과 기억을 기록으로 남김으로써 이후 진상 규명 및 역사 기술에 기여하고자 합니다. 지금부터 안명미 씨의 증언을 시작하겠습니다. 오늘은 2016년 6월 24일이며, 장소는 안산시 세승빌라입니다. 면담자는 박여리이며, 촬영자는 김솔입니다.

2
근황

면담자 　　아까 바쁘셨다고 그랬는데 일주일 동안 어떤 일로 바쁘셨어요?

지성 엄마 　　합창 갔죠.

면담자 　　합창 이번에 어디 가셨어요? 매주 있나 봐요?

지성 엄마 　　몰릴 때가 있어요. 이번에는 교회로 갔어요. 수요일 날, 수요일 밤 예배를 할애를 완전히 해주셔서… 정말 그런 교회들이 있어요, 그 느껴지는 거 있잖아요, 정성이. 정말 성도들을 그렇게 수요일 날 그렇게 많이 나오기 쉽지 않거든요? 그런데 정말 목사님 두 분이 부부가 다 목사님이시더라고. 그런데 적극적이야. 난 진짜 거기 가서, 내가 간 중에 최고로 흡족한 거 있잖아요. 성도들을 많이 모아주었고, 정말 수요일 날 밤은 밥을 주는 교회를 처음 봐요. 주일날은 밥 준다 해도 수요일 날 밤에도 거기 한 사람 저거 한 "샘터?" 이런 곳이 있어서 한 사람들 밥을 해주기도 하고, 그 사람 밥을 해주는 그 담당해 주는 일하시는 분들 밥을 해주기 위해서 수요일 날, 아예 수요일 날 밤에 오시는 분들까지 밥을 해주는… 우리 본다고 특식으로 하셨다고 하시더라고요. 그런데 너무 다 반찬이 맛있어 가지고 너무 맛있게 먹었어. 목사님 두 분 다 이 세월호에 관해서 아주 적극적이시고 이렇게 말씀을 하시는데, "우리가 그냥 앉아서 알기만 해서는 되지를 않는다. 같이 이렇게 합심해서 행동으로 일어나야 된다" 이런 말씀을 하시면서… '아, 이 교회는 익었구나. 무르익었구나' 그래서, 정말 그래서 준비된 교회라서 그런가, 우리가 가서 합창곡을 네 곡을 했는데, 영상 보고 그다음에 합창 두 곡 하고 발언하고 두 곡 하고 이렇게 했는데, 길다 지루하다 이런 느낌이 아니라 정말 은혜로운 거, 정말 리드미컬하게 나가는 거 있잖아. 분위기가 너무 타는 거야.

그리고 목사님이 대부분 어느 교회 가면 목사님이 설교를 하려고 그러는데, 당신이 제대로 알지도 못하면서 빙글빙글 돌리는 설교 있잖아. 저번에 어떤 목사님이, 분향소에 와서 이렇게 우리 예배를 드리거든요? 드리고, 드려주고 싶은 요일들마다. 그런데 우리 담당하시는 목사님이, "어떻게 설교를 해야 되겠습니까?" 다른 교회 목사님한테 물어보니까 "와서 헛소리만 하지 마라" 그렇게 말씀을 하셨다 하더라고요. 그런데 알지 못하면서 뭔가 말을 하려고 하는 그런 부분은 차라리 설교를 안 하는 게 낫겠다, 마음에 와닿지 않고 그게 느껴지는 거야.

근데 이번에 목사님, 정말 우리가 너무 몰랐구나⋯ 우리가 그냥 시간이 지났으니까 잊혀지⋯ 잊혀진 거예요. 그런데 다시금 경각심을 일으켜 주신 거에 대해서 고맙고, 정말 그 세월호를 이렇게 우리가 같이 해야 되는 데도 같이 못해서 정말 잘못된 것, 국민으로서 회개하는 회개기도부터 시작을 해서 조목조목 기도를 하더라고. '아, 됐구나⋯' 우리한테 설교가 그닥, 물론 정말 우리를 위로해 주시는 설교 있어요. 나, 어떤 목사님 오셔서 설교를 하는데, 정말 그 말씀을 가지고 우리를 세월호, 우리를 이렇게 그렇게 해서 말씀 하시는데 정말 와닿는 거 있잖아. 그래서 정말 목사님한테 너무 감사하다, 너무 위로가 된다⋯ 우리가 어떨 때는 참 잘하고 있는 건가? 왜 본래 기독교에서는 그냥 "우리가 이 일을 해결하기 위해서는 기도를 해야 됩니다⋯" 나한테도 그런 메시지가 와요. 이 일을 해결하기 위해서는 물론 기도를 해야 됩니다. 근데 일어나서 행동하자는 부분은 빠져 있다는 거죠. 그래서 항상 뭔가 내가 부족함이 느껴지는, 그런데 정말 알고 뭔가 정말 우리가 이 일을 알고 알면 기도해야 되지만 또 우리가 행동으로 보여야 된다는 이 부분을 빼먹는 거야. 뭔가 맞아, "우리 합심해서 이 세월호를 위해서 기도합시다. 그래서 하나님이 이 일을 이루시게 합시다" 하고 맞아, 맞는데, 뭔가 빠졌다는 거죠. 그게 "같이 행동합시다" 이게 빠져 있는 거야. 그러니까 아쉬워요, 그런 부분에 대해서. 그런데 우리가 이렇게 활동하면서도 사실 우리가 활동을 하다 보니 피곤해서 사실 기도가 작아져요. 기도해야 된다는 그런 마음은 있지만 몸이 육신이 약해져서 사실 기도를 못하는 부분에 대해서 항상 죄송하게 나가야죠. 이런 마음이 정말, 정말 행동을 해야 된다는 그 부분을 강조해 주시는 목사님의 그 말씀이 우리한테는 엄청나게 위로가 되는 거잖아요. 그렇다고 한다 해가지고 우리가 문외한이냐 하면 그건 아니잖아. 기본적으로 가지고 활동을 잘하고 있으니까. 참 고맙지만 아쉬운 부분들이 참 많은 게 우리 눈으로 봤을 때는 그런 것들이 교회를, 교회에서 교회를 보면서 우리가 그걸 느끼거든.

면담자   그러면 합창단 말고 다른 일은 없으셨나요?

지성 엄마   어저께는 저기를 갔다 왔어요. '안산시민공감단'이라고, 제가 안산, 그래도 안산 시민들한테 그들과 그들의 마음도 알아야 되고 또 우리가 이런 걸 또 알려야 되고, 또 우리 지금 [법]개정을 위해서 지금 또 서명도 받아야 되는 상황이잖아요. 그래서 제가 거기 소속되어 있는데 어제는 '부곡사회복지관'을 갔다 왔어요. 거기서 외쳤죠. 거기 그래서 갔나 봐. 그렇죠, 서명해 달라고, 우리는 또 목걸이, 나무 목걸이도 하나 만들어서 나눠주면서 서명해 달라고 소리치고 왔죠. 그런 일들. 이번에는 뭔가 건강진단도 받으러 다니고 그랬구나….

면담자   건강진단?

지성 엄마　　　예. 그동안에 뭐가 바쁜지 그거 받으러 가야 되는데 받으러 갈 시간이 없어 가지고 계속 미루다가 어저께사 아니 저번 주 월요일 날 가서 받았어요.

면담자　　　아직 결과는 안 나오셨고요?

지성 엄마　　　아직. 일주일 후에 나온다고 그랬으니까 나오겠네. 다음 주, 이번 주 말이나. 근데 그 수면 내시경 하는데 너무 그 수면 상태가 좋은 거 있지. 아무것도 생각하지 않는 그 상태에서 깨어나고 싶지 않아. 내가 그 교회에 가서 또 명상을 하면서 많이 울었는데 나는 그 생각이 나는 것 같아. 내가 막 그냥 그대로 가면[죽으면] 그렇게 아무것도 생각하지 않는 평안함이 있던데, 그렇게 가게 되면 저렇게 고통을 또 보고, 또 보고, 또 느껴야 되고, 울어야 되고 이런 시간이 필요하지 않을 건데, 그냥 나는 '자살을 해야지' 이런 마음은 없지만… 전혀 없어요, 내가 여기다가 종교를 가지고 있기 때문에, 내가 신이 나한테 주신 만큼 내가 살아야 된다고 생각을 하는 사람이기 때문에, 그런 마음은 없는데, 내가 그거를 수면 내시경을 하면서 자고 있었던 그때가 너무 편안한 거야… 이게 아무것도 생각을 하지 않는 그 상태가. 내가 한참을 갔어, 그 마음이… 너무 좋은 거야, 그 상태가… 병인가 또, 그게 나한테는 좋게 느껴지더라고….

　　　내일 이번 달, 이번 주는 거의 바빠. 내일 또 광화문 특별법 개정을 위한 그것 때문에 내일 올라가서 합창하면서 우리 가족협의회에서 하는 대로 연합단체가 하는 대로 뭔가를 할 수 있을 것 같기도 하고. 이번 주 토요일 날도 편하지만은 않을 것 같애. 이번 주 내내. 물론 나는 날마다 저번에도 이야기했지만 뭔가를 하고 있는 거, 내가 살아 있다는 느낌 때문에 저거 하거든요. 좋아 그거는. 눈을 뜨고 있는 날은 내가 어디를 가야 되고, 무엇을 해야 되고, 이런 것들이 있다는 게 내가 살아 있다는 느낌이 들어서 나는 좋거든요? 몸은 사실 피곤해. 어저께도 나한테 지성이 아빠가 나한테 뭔 이야기를 하고 있었대. 근데 나는 잤나 봐. 그랬더니 우리 딸이 아빠[가] 엄마 자고 있는데 혼자 이야기하고 있다고(웃음).

면담자   어머님도 모르게 그냥 주무신….

지성 엄마   나도 모르게 그냥 간 거야, 그냥. 어제도 너무 피곤했던 거야… 하루가. 아침에, 아침에 컴퓨터 공부를 하니까 컴퓨터 공부를 하고 바로 부곡동으로 넘어가서 그거 하고 저녁에 미술 치료가 있어요. 지금 미술 치료 되는 그거를 1~2시간 하고 집에 와서 식구들이랑 밥 먹고 형광등 저거 간다고 하더라고, 그거를. 그러면서 그 돈, 돕고는 너무 피곤한데 형광등 간다고 그러니까 그거 도와줘야 되잖아요, 혼자 땀 뻘뻘 흘리는데. 그리고 났더니 완전히 가버린 거지. 그러니까 내가 언제 갔는지도 모르게 갔던 것 같애 (웃음). 그니까 아침에, 오늘 아침에는 정말 피곤하더라고. 깼다가 또 잔 거야. 학교, 애도 조금만 늦었으면 지각시킬 뻔했대니까. 그랬어요….

면담자   별 그거 없으셔야 되는데 [건강검진] 결과가.

지성 엄마   대충은 알고 있으니까. 평소에 먹는 약이 있어서 대충은 아는데 더 나빠졌다고만 안 들었으면 좋겠다는.

면담자   아버님도 받으셨어요? 이번에 검진을?

지성 엄마   아니요. 〈비공개〉 완전히 몸에 두드러기 바로 올라왔나 봐. 그래 갖고 그날 그 저기 갔잖아. 김관홍 잠수사 또 추모식 있었잖아요. 거기 가서 또 촬영을 하는데 정말 힘들어하더라고. 그래 갖고 그날부터 쭉 알레르기 때문에 어휴… 정말 힘들어했죠.

면담자   병원 못 가셨어요?

지성 엄마   토요일 날이라서. 그날 바빴잖아. 거기서 점심, 그 거기서 해결하고 바로 넘어와서, 서울로 넘어와서 거기서 촬영까지 하고 그다음 밥 먹었지. 그리고 나니까 시간이 어디 병원 갈 데도 없고… 그래 갖고 바로 또 집으로 와버리니까. 그날 밤에 밤새도록 가려워서 죽는다고 그러고. 또 그래서 그다음 또 주일날이니까 약국이 없드라고. 나중에는 저녁 돼서 도저히 자기 못 견딘다고 그래 갖고 중앙동에 약국이 열렸다는 이야기 듣고 가서 약, 그냥 약국 가서 약을 사다가 먹고, 그래도 약 먹고 밤에 그렇게 고통스러워하더라고. 그랬고, 그다음 날 병원에 갔죠. 그 알레르기 때문에 나랑 같이 건강검진 하려고 했는데 그 알레르기 때문에 못 견디더라고. 약도 먹어야 되고, 물도 먹어야 되고, 그래서 못했어요…

해야 되는데. 내가 하는 김에 해야 되는데 안 그러면 또 그냥 안 하고 돌아다닐 건데. 내가 또 잡아서 하게끔 해야지.

면담자   하셔야 될 것 같은데.

지성 엄마   정말 해야 돼, 정말. 담배도 그렇고. 담배도 너무 많이 나와 그게 제일 걱정이야. 폐는 소리 없이 온다매. 그런데 내가 폐 검사한 거 알아요?(웃음)

면담자   이번에 가서서 하셨어요?

지성 엄마   사실 나도 이 담배 냄새를 정말 싫어하거든. 밖에서 들어오는 냄새도 막 아주 싫어하는데 이 사람이 담배 피우고 바로 들어오면 그 냄새 내가 다 먹어. 그니까 간접으로 들어오는 내가 더 큰 문제일 것 같은 느낌이야. 그런데 어디서 하는 거 있어. 그런데 폐를 한번 검사해 보고 싶다는 생각이 들어서 추가로 폐 검사 한번 해봤어. 한 번도 폐 검사 안 하고 엑스레이로 찍어봤는데 엑스레이로는 정확하게 안 나온다고 하더라고. 의사들이 이야기하는데 정말 제대로 찍어야 된다고 그러더라고. 그래서 이것저것 했어요. 고지서 나온 건강진단 하는 그 표, 아직도 할 데는 더 있지만 대충.

면담자   하셔야 될 것 같아요. 진짜 모르고 넘어갈 수 있잖아요.

지성 엄마   그러니까 여자들은 더, 더 더더욱 이렇게 왜 아플까. 지금은 모르죠? 자고 일어나면 다시 말짱해지잖아. 아직 젊어서 그

지성 엄마 안명미

러거든? 옛날에는, 그런데 나이 드신 분들이 몸이 안 좋다고 그러면 '자고 일어나면 멀쩡해지는데 왜 저런 소리를 할까' 이러거든요? 그런데 막상 내가 나이가 되니까 아픈 곳이 자꾸 나타나요. 정말 다 써먹어. 기계가 고장 나기 시작하는 거지. 우리가 이렇게 시대가 좋아져서 일을 많이 안 하니까, 이 정말 시골 사람들처럼 이렇게 막 주름도, 이 나이에도 옛날에 비하면 우리가 그죠? 옛날에 환갑이면은 환갑 못 넘기고 죽을까 봐 환갑잔치 하는 거잖아요. 그런데 요새는 환갑이라도 기념일로 그냥 식구들한테 환기, 대접하는 이걸로 만나자는 거지 정말 환갑잔치다운 환갑잔치가 아니더라고. 정말 우리가 겉보기에는 젊지만 이 속은 그런 것 같애.

면담자   아까 약 드신다고 하셨잖아요. 평소에 어디가 안 좋으셔서 드시는 거예요?

지성 엄마   당뇨가 생겼고, 목에 갑상선도 생겼고, 간도 안 좋아졌고, 빈혈은 약 지속적으로 먹으면서 나아졌다가 요새는 끊었어. 또 여성들 쪽에 그런 쪽도 안 좋은 상태고. 근데 예전에, 만약에 내가 우리 지성이 안 터지고 만약에 이런저런 병들이 생기면 정말 놀래고 이렇게 무섭고 이럴 건데, 한번 이런 큰일을 겪고 나니까 무덤덤해지는 거 있잖아요, 이런 거에, 이렇게 크게 막 내가 막 살기 위해서 막 약 먹어야 되고, 이런 게 그런 것들이 조금 정말로 무감각해지는 느낌이 들어. 너무 이렇게 죽음하고 친해졌다고 그럴까? 친해졌어. 예전에는 너무 무서웠어요, 죽음이라는 게. 우리 애들이 예전에 애들이 조금 어릴 때 중고등학교 이런 학생 때 죽음에 대해서 이렇게 이야기를 하면 애가 눈물을 뚝뚝 흘리는… 그게 무섭다고, 그럴 때가 있었거든. 기본적으로 애들이 그 죽음이라는 게 무서운 게 있는 거 같애. 그러니까 나도 아마 그랬을 거야. 그게 무서운 죽음이라는 게 두렵고 그랬을 건데 지금은 가까워졌어요. 내가 그거 했대니까. 수면 내시경 하니까 수면 상태에 들어가니까 너무 좋더라니까(웃음). 이렇게 아무것도 생각 안 나면 이번에도 정말 잘못된 생각이지만 그래도 '사람들이 자살을 선택하기도 하나?' 이런 생각이…… 아무것도 생각하고 싶지 않아서, 너무 이 땅에서 사는 게 괴롭고 힘들고 얼마나 고통스러우면 차라리 '그냥 죽는 게 더 편하지 않을까?' 이런 마음으로 선택하지 않겠나 싶은 생각이 들더라고요.

면담자　　　아까 미술 치료 한다고 하셨는데 그거는 어디서 하나요? '온마음센터'에서 하는 건가요? 왜 다니게 되신 거예요?

지성 엄마　　　네. 내가 평소에 이렇게, 이런 꽃을 보거나 꽃을 특히 좋아해요. 자연 속에서 있는 그런 걸 보면 너무 좋아해. 그래 갖고 핸드폰으로 찍어놓고 꽃 사진이 참 많아요. 그런 자그만 자연 꽃들 이런 것들 정말 그려보고 싶다는 그런 마음이 있었거든. 항상 그런 마음이 있었는데 내가 '언젠가는 그려봐야지' 이런 생각으로 있었는데 마침 누가 그거를 한다 하더라고. 미술 치료 하면 이렇게 어떤 그 치료사가 원하는 대로 그림을 그리면서 우리 상태를 이렇게 보는 거잖아. 그런데 그건 싫고, 그거는 싫고 그냥 꽃 하나 그림을 주면 그거를 그대로 그려내는 그거를 해보고 싶었어요. 그래서, 그래서 들어갔지. 안 하는 것보다 그래도 뭔가 내가 해보고 싶었던 거를 하고 있잖아요. 그래서 그 시간이 좋기도 하고 치료사기 때문에 또 유도를 하지. 치료사가 가만히 놔두겠어, 우리? 우리 상태 이런 것들을 이렇게 나오게끔 유도를 하면 그냥 자연스럽게 지금 내가 이렇게 이야기하듯이 우리 상태를 이렇게 이야기하게끔 하면서….

이게 나는 그래요. 이런 것들이 우리가 이렇게 이런 것들을 어디 가서 바깥에다 말해서 말할 데가 없잖아요. 그런데 나를 아는, 내 상태를 아는 사람이 우리를 물어봤을 때 이렇게 말을 쏟아내는 거, 이 자체만 해도 얼마나 알게 모르게 효과가, 치료의 효과가 있다고 생각을 해요. 우리가 나가서 간담회를, 내가 하면서 살아난다고 그럴까? 내가 바깥에 나가서 내가 말하고 싶은 거를 막 사람들한테 말할 때, 뭔가 내가, 뭔가를 하고 있다는 것 자체로도 그렇지만 내 안에서 이렇게 막 뭉쳐져 있는 응어리 있는 부분들이 풀려나가는 그런 것들이 있었거든요. 그런 것보다는 치료에 그렇게 함으로써 치료도 받는 것 같기도 하고 그래요. 그리고 나 혼자만 하는 게 아니라 누구 딴 사람도 같이 있어요. 그러면 나는 요렇게 생각을 해서 내가 생각을 하고 내가 말을 하지만 '내가 과연 옳은 생각을 하는 걸까…?' 내는, 나는 옳다고 생각을 하지만 상대방이 그 이야기를 들었을 때는 또 옳지 않을 수도 있잖아요, 이거는 내 생각이기 때문에. 그런데 상대방도 그런 거를 가지고 이야기를 했을 때

115
•

'어, 저 사람도 저런 생각이 있었구나. 나만 그런 게 아니었구나. 내가 잘못된 게 아니구나' 이런 게 느껴질 때 위로도 받게 되고, 그런 것들이 좋더라고요.

3
지난 2년간 활동을 지속할 수 있었던 이유

면담자   그럼 지난 2년, 2년 넘었죠. 본인이 계속, 본인이 활동을 계속할 수 있었던 이유는 뭐라고 생각하세요?

지성 엄마   기본적으로 나라에서 아무것도 안 했기 때문에 나라에서 알아서 이런 것들을 조사를 하고 그런다 그러면 우리가 활동할 필요가 없는 거지. 밖에다 대고 사람들한테 이야기할 필요가 없었던 거고. 그런데 그런 일을 안 하다 보니까, 그 사람들한테 알아야 된다는, 속에서 그 막 올라오는 그 화, 우리가 화를 잃으면 안 된다고 생각을 해요. 가족들이 '온마음센터' 같은 데는 우리 치료를 하려고 그러지만 우리가 그 완전히, 그 완전히 치료를 받아서 우리 마음이 아무렇지 않은 듯이 평온하다 그러면 힘이, 힘이 없잖아. 다시 일어나는 것도 속에 뭔가 화가 있어서 일어나기도 하더라고요. 정말 여기 단원고처럼 뭔가 우리를 건드렸어, 화가 났어, 부모들이 확 또 일어나서 뭉치더라고. 그러니까 우리 가족들이 가끔 원하는 것들은, 너무 치료 쪽으로 가서 부모들이 안일하게 되어버릴

116
•
지성 엄마 안명미

까 봐 한편으로는 그런 것도 걱정을 해요. 그런 상태에 머물러버리면 지금 우리가 원하는 거 이런 것들을 또 흐지부지 그냥 말을까봐… 이거를 지속적으로 할 수 있었다는 건 부모들이 이렇게 계속하려고 하는 그 의지가 있는 사람들과의 만남, 그렇기도 하고 계속이 문제에 대해서도 계속 우리가 지금 무슨 일이 일어나고 있는가이런 것도 우리가 알아야지, 그거를 자꾸 멀리하고 이러면 정말 잊혀져 가는 거야… 사람들처럼. 우리가 이 안에서, 협의회 안에서지금 어떻게 돌아가는 그런 거, 이런 것도 계속 내가 인지를 하고있어야 되는, 그래서 거기에 맞게 사람들한테 이야기를 해줘야 돼. 듣는 사람도 '지금 상태가 이렇구나' 이런 것도 알면서 '아, 이거에대해서 더 사람들한테 알려야 돼'.

어저께도 어떤, 어떤 아주머니가 바자회같이, 이모님인가 그런것 같애요. 우리를 보더니 우리는 봉사하시러 온 사람인 줄 알았나봐요, 유가족이 아닌… 근데 이야기가 나와. 우리 유가족이라 그랬더니 정말 유가족이냐고 그래서 우리가 이야기를 해줬어요. 지금인양하는 것도 요 모양이고 지금 상태가 이래서 개정을 해야 돼서"우리가 이걸 들고 나왔습니다"라고 이야기했더니, 정말 그거를 들고 나가더니 자기가 받아갖고 온 거예요, 적극적으로. 그러니까 안산 시민인데도 우리한테 직접 듣지 못하면 모르는, 모르더라고, 답답하더라고. 그래서 내가 몇 사람이라도 모여놓으시면 가서 이야기를 해드리겠다고. 그렇게 적극적인 분한테는 이야기를 하면 옆에, 옆에 계속 알리시더라고. 그러니까 우리가 말을 해야, 그런 데서 말을 하는 그 의미가 있더라고. 안 그러면 그냥 '2년 전에 있었던, 끝나지 않았어?' 그런 얼마나 이렇게 [사실을] 안 내보낸단 말이야? 자기는 너무 분개를 했대요, 인터넷을 보면서. 청문회를 했는데도 청문회를 했다는 소리를 그 정규 방송에서 하지를 않는 그거를 알고 너무 화가 나더래는 거야. 부모가 직접적인 부모가 아닌 그 사람도 그렇게 화를 내면서 그러는 걸 보면 그런 분들 한 분을 보면서 지금 우리가 진짜 나와 있는 그 자체가 얼마나 잘했구나 이런 거를 느끼죠.

4
활동하면서 아쉬웠던 점

면담자 그럼 혹시 활동하시면서 후회하거나 아쉬웠거나 이런 게 있으셨어요? 활동하시면서?

지성 엄마 후회? 후회한 거는 없어요. 얼마나 내가 더 적극적으로 못 하는 거에 대해서 후회하죠. 내 몸이 안 따라주고 그러니까 전부 다, 다 가서 못 하잖아. 내가 할 수 있는 부분에 가서, 우리 하는 일이 많잖아요. 내가 할 수 있는 만큼밖에 나도 못 하니까 그 부분이 아쉬운 거지, 다 동참하지 못하고 다 쫓아다니지 못하면… 그게 우리 부모들이 정말 열심히 쫓아다니면 나중에는 아파 드러누워, 몸이 완전 지쳐. 그러니까 나도 뭔가 조율을 해가면서 다녀야 되는 거야. 길게 봐야 해. 안 그러면 내가 어느 정도까지 하고 쓰러져야 되는 거야. 그러니까 나도 아쉽지만 내가 못 가는 부분은 못 가는 거죠. 그 부분이 아쉽죠. 그런데 내 성격상 적극적으로 앞장서지 못하는 거 그게 또 아쉽고. 앞장서시는 분들은 대부분 성격이 적극적이신 분들이에요. 타고나기를 그렇게 못 타고나서 나는 돕는, 뒤에서 돕는 역할이 아직은 맞더라고. 아직까지는 적극적으로 내가 앞장서서 끌고 나갈 능력은 없어요. 그래서 돕는 거 위주로…? 더 들어가면 이번에도 다음 주도 CCC, 기독교 CCC 거기에 강사로 가거든요? 작년에도 한 번 갔다 왔어요. 그런데 이번에도 초청돼서 갔는데 두 사람이 가요. 그때도 돕는 역할이었어. 그런데 아마 이번에도 그렇지 않을까… 아직까지는 그렇게 생각해요. 처음보다는 많이 그 돕는 역할에서 조금 더 나아진 상태지만 아무래도 아직은 그 정도인 것 같애.

면담자　　　같이 가시는 분은 누구세요?

지성 엄마　　　작년에는 예은이 엄마하고 갔다면 이번에는 창현 엄마하고 같이 가서 이제, 그냥 자기가 듣고 싶은 거 듣고 싶은 과라고 해야 되나? 거기 들어가서 듣더라고요, 그 학생들이. 나는 CCC 학생들이 그렇게 많은지 나 처음 봤네. 완전히 호텔, 호텔인가? 하나를 그냥 다 점령을 했더라고. 진짜 많더라고. 작년에는 쫄았지(웃음). 처음 갔는데 쫄았기는 했는데 그래도 방 하나, 원룸을 하나 이렇게 줘서 가족적인 분위기로 했기 때문에 그냥 편, 편안했어요, 적극적으로 듣고 싶어 하는 사람들이 와서 듣는 거를 보고 그러니까. 올해는 어쩔지 모르겠네. 작년에도 꽉 찼었는데… 올해도 더 많았으면 좋겠어. 세월호에 대해서 그래도 많이들 알렸잖아요. 학교도 막 그런 데 다 다녔기 때문에… 그래도 작년보다는 낫지 않을까.

면담자   그러면 지난 활동하시면서 가장 마음이 아팠던 이야기나 본인을 가장 슬프게 했던 일, 그런 거 혹시 기억나시는 거 있으세요? 힘들게 했던 점?

지성 엄마   힘든 거? 힘든 거는 그 특조위 사람들이 특조위 그 청문회 기간, 그 기간에 증인들이 나와서 참 이야기하는 거 정말 뭐라 할까 분통이 터지는 거. 분통이 터지더라고… 사람들이 말하는 게 진실을 이야기하지 않는 거. 높은 분들이 화가 났죠. 그러고는 어떻게 지내는가 진짜 1년이 그렇게 가버렸으니까. 진짜 이 시간은 우리가 멈춰버린 듯한 느낌으로 가고 있거든. 일주일이 그렇게 빨리 갈 수가 없고, 하루는 말할 것도 없고요. 시간이 이렇게 빨리, 빨리 가는 수가 없어. 예전에 비하면 지금 시간은 뛰어가는 듯한 느낌이 들어요. 예전에는 이런 내가 활동들보다 먹고살기 위한 어떤 그것만 하다 보니, 어쩌면 이렇게 먹고사는 데만 이렇게 주력을 하다 보니까 정말 정신적인 활동 이런 거는 거의 멈추어져 있지 않을까, 느림보 같은, 몸만 힘들었지. 그런 상태인데 지금은 막 머리가 막 바빠지고, 몸이 끌려다니고, 이런 그런 느낌이에요.

슬픈 거는, 그 내가 이 지금까지 겪은 슬픈 거는, 사람들한테 비난받는 듯한 그 언론을 통해서 우리가 나쁜 유가족으로 그렇게 손가락질을 받고 있는데, 그게 힘들었거든요. 근데 한편으로는 우리가 이 일을 통해서 정말 이 사회를 제대로 이렇게 잡는다 그러면 비난받아도 그 비난이 그렇게 부끄럽지는 않은 비난이라는 생각이 들어서 그래서 버틴 거 아닌가. 내가 자식을 잃어버려서 그 부끄러움? 내 스스로 느껴지는 부끄러움이었어. 정말 처음에 자식을 잃고 나서 나를 숨기고 싶은 거 있잖아요. 교회를 갔는데도 전에는 정말 중간에 딱 앉아서 이렇게 예배를 드렸다 그러면, 한 내가 6개월 정도는 뒤에 앉아서, 내가 안 보이는, 내 스스로 '내가 안 보이는 곳에 앉았으면 좋겠다' 그런 마음으로 나를 숨기고 싶었어. 자식을 잃은, 어떤 스스로가 스스로에 죄책감 같은 게 느껴져 가지고 그런 것들이 너무 힘들었거든.

사람들 앞에 어쩔 수 없어서 내가 성가대를 하는데 사람들이 너무 몰라, 세월호에 대해서… 너무 몰라주는 것에 대해서 다른 사람들 앞에 나타나야 어쩔 수 없이 또 그게 내 일이기 때문에, 나는 내 유가족으로 세월호 유가족으로 찍힌 몸이기 때문에 우리는 사방팔방으로 우리 다 알려진 사람들인데, 어디 가서 우리가 어디가 어디에 나왔는지도 모르고, 우리는 인터뷰를 해도 어디에 나오는지도 모르게 우리 인터뷰도 해주고 어디로 사진이 날아다니는지도 모르게 많은 사진들이 찍히고 이랬기 때문에, 어차피 우리는 그런 유가족으로 이 세상 사람들이 알아버리게 된 거야. 그거를 그런 마음을 가지고 '나는 세월호를 알려야 된다' 이것 때문에 내가 우리 교회에서 성가대를 하는데 성가대 앞에 이렇게 나와서 성가를 해요. 그런데 노란 리본을 내가 차고 성가 가운을 이렇게 차고 나가서 이렇게 노래를 하는 그 시간이… 지금껏 하고 있거든요? 아 정말 힘들지… 뭔가 엄청나게 무거운 거를 매달고 가는 느낌, 사람들이 나를 다 주시하고 있는 느낌이 너무 힘들었어요. 지금도 처음보다는 무게감이 덜 느껴지지만 아직도 있지. 이게 언제나 '내가 이거를 뺄 수가 있을까' 내가 이거를 차면서 정말 힘들어했는데 내가 목사님한테 이야기를, 이 이야기를 했더니 "세월호 문제가 끝날 때까지는 차야죠" 이러더라고요. 언젠가 내가 이거를 뺄 수가 있을까, 이게 어떤 훈장도 아니고, 너무 무거운. 내가 처음에 찰 때는 300 몇 명의 생명을 차는 느낌이었어, 너무 힘들었어, 사람들 앞에서 이렇게 차고 있는 것 자체가. 그런 것들, 그런 것들은 나한테 너무 과하… 더 얹어주는 무거운 무게의 그런 것들이 나를 눌렀죠, 계속적으로. 내가 또 교인이라는 그런 것 때문에 더더욱 내가 다른 사람들 그렇게 안 해도 되는 것들을 나는 더 해야 된다는 그것 때문에 더 힘들기도 했고.

그리고 사람들과의 이렇게 관계가 힘들어졌잖아요. 내 스스로가, 내 스스로가 그게 안 돼서 그랬을 거야. 뭔가 내가 원하는 거는 내가 소속되어 있는 모임이라면 나에 대해서… 물론 나도 저 사람이 뭔 상황인지 일을 내가 모르지만, 그래도 이 세월호만큼은 세상에서 다 아는 것들이고 이 안산에는 더더욱 알아야 되는 일들이기 때문에 그거를 알아줬으면… 그리고 지금 돌아가는 상황, 우리의 상황, 이런 것들을 알아줬으면 하는데 관심이 없는 거에 대해서⋯ 그리고 이 아픈 사람들의 아픈 것은 생각하고 싶지 않은 그런 마음들이 또 있더라고요. 그래서 그런 사람들과의 관계를, 나도 사람이 필요하잖아요⋯ 우리가 살면서 정말로 친구가 필요하잖아. 그런데 그런 친구들이 내 마음을 너무 몰라줄 때 내가 과연 저, 이 모임에 소속할 필요가 있을까? 이런 마음이 들더라고. 그래서 만나고 싶지 않은 거야. 나를 이해를 해주고 우리의 상황을 그래도 아는 사람, 그래서 다독거려 한마디라도 정말 이렇게 위로를 해줄 수 있는 그게 친구지, 그냥 모여서 밥 먹고 떠드는 게 이게 친구 아니라는 생각이 내가 들더라고요. 〈비공개〉 그냥 거기까지밖에 모르더라고, 자식을 잃은 사람으로밖에 그것밖에는. 우리는 자식을 잃은 사람으로서만 알아주는 게 아니라 우리가 왜 사람들한테 지탄을 받고 있으며, 우리가 왜 이렇게 지속적으로 외치고 있는가를 그거를 알아줬으면 하는, 다른 것보다도 내가 위로받고 싶어 하는 것도 아니고, 나는 위로해 준다고 해서 우리가 위로가 되어지지가 않더라고.

어차피 우리는 큰 상처를 가진 사람으로서 그 상처가 메꿔지지를 않아. 메꿔지는 그 상처가 아니래서 정말 우리의 친구가 돼줄려면 우리를 알아야 된다고 생각해. 모르면 들으려고라도 해줘야 돼. 말할 수 있는 기회를 주고, '그래서 그러는구나⋯'라고 이해를 해주면 되는 거거든. 그런데 그런 것들이 없는 게, 그런 모임은 나하고 상관없는 모임 같은 느낌이 들어요⋯ 잘못된 생각인가 모르지만. 그런 생각이 들어서 그런 모임들이 많이 떨어져 나가⋯ 내 스스로 내가 떨어져 나온 거지.

5

활동하면서 가장 위안이 되었던 점

면담자　　　그러면 반대로 가장 위안이 되었던 점이 있다면?

지성 엄마　　　최근에, 최근인데… 사람, 많은 사람들이 나를, 이렇게 정말 그분들은 그런 게 느껴질 때가 있어요. 손을 잡아주고, 정말 진정성 있게 손을 잡아줘. 내가 어느 어디서 노래를 부탁을 해서 최근에 간 데가 있어요. 그런데 그 초청장의 부인이시더라고. 근데 이렇게 나를 잡고, 나는 그 사람을 몰라, 처음 보는 사람이야. 그런데 내 옆에 딱 붙어가지고 뭔가 나를 위로를 해주고 싶어서, 그 사람은 얼마나 불편하겠어요, 자기하고 나하고 이렇게 말을 해본 적이 없는데. 그러니까 나도 할 말이 없는 거고, 무슨 말을 어떻게 하겠어. 그분은 어떻게 해서라도 나하고 말을 섞어보고 싶어서 옆에 붙어 있는 거예요. 그러다가 지성이를 보고 싶다 그래서 사진을 보여줬어. 한참 보고 있더니 울어, "아, 이렇게 이쁜 애냐"고. 이름도 물어보고… 우리 "지성이는 뜻 지 자에 이룰 성 자라고 우리 지성이는 분명 죽었지만 뜻을 이룰 수 있는 아이가 나는 되기를 원한다"고. 이 이름이 목사님이 지어준 이름인데 분명히 나를 이 아이 이름처럼, 정말 이 땅에 이 아이가 왔다 간 그 생명, 이 생명이

124
·
지성 엄마 안명미

이 땅에서 뭔가 이룰 수 있는 그런 생명이었으면 하는 그런 마음이, 그 이야기를 했더니 막 울면서 자기 남편을 불러서 보라고 그러면서 굉장히 정말 위로를…… 저는 그 사람은 마음을 다 담아서… 나는 이렇게 마음이 오는 거야. 정말 저런 사람이 있나 싶을 정도로. 내가 많이 만나보고 다녔지만 뭔가 나를 위로를 해주려고 노력을 하는 사람은 그렇게까지 노력을 하는 사람은 나는 진짜 처음 봤어요. 정말 마음이 그렇게 좋은 사람이구나… 이렇게 좋은 사람이… 그런 걸 느꼈고, 우리 교인인데 나는 잘 몰랐어. 그 사람을 지금도 잘 몰라.

근데 내가 가는 곳에 우리가 무슨 세월호 이렇게 일을 하는 곳에는 가끔 그분이 계셔. 그래서 나한테 인사를 하고 가요. 가끔 만나니까 나는 그냥 이름만 핸드폰에다가 몇 번 만난 후에사 이름을 물었어요. 그러고는 적어놨는데 최근에 그분이 차를 이렇게 유리병에 차를, 담아진 차와 커피 잔이 딱 이렇게 있는 그 그림을 사진을 나한테 보내왔어. 무더운 날이었어, 그날. 왠지 우리 맨날 세월호 그런 그림만 보다가 이번이 정말 마음을 담아서 나한테 차 한 잔을 주고 싶은 그런 마음으로 톡이 온 거예요. 그래서 내가 너무 고맙더라고. 정확히 이 사람 이름도 써놨지만 내가 이 사람 얼굴은 기억이 안 나는 거야. 그런데 내가 솔직하게 우리 교회 다니면서 많이 만나. 그런데 이름은 모르지만 얼굴만 알아. 그러니까 그쪽에서 인사를 건네면 어휴 정말 반갑다고 인사는 하지만 돌아서서 저분 어디서 만났지? 물어볼 수가 없어요. 너무 사람들을 많이 만나

다 보니까 누가 누군지 다 뒤섞여 가지고 누가 [누구인지] 몰라, 자주 만나는 사람 외에는. 그런데 이번에도 내가 솔직하게 썼어요, 누군지 나는 기억이 잘 안 나지만 너무 고맙다고. 정말 그날은 왠지 막 시원한 차 한 잔을 들이킨 느낌이에요. 그랬더니 누구라고 이렇게 왔더라고, "아, 그 코 오뚝하신 분이군요"(웃음). 차라리 내가 마음을 아예, 내가 당신 누군지 모른다고 편안하게 이렇게 다가가니까 내 마음이 편하더라고. 내가 괜히 어설프게 아는 척하는 것보다 내가 속 시원하게 당신 누군지 모른다고 이렇게 시작을 하니까 내 스스로 내 마음이 편해지는 거 있죠. 그런 분들 너무 고마워요, 정말.

우리 지성이 아빠가 하도 그런 분들, 하도 말라서 워낙 자기 몸 안 가리고 밥 먹을 때도 맨날 놓쳐. 내가 보면 그렇게 매달리는 스타일이래서, 그래서 한 번씩 이렇게 집 떠나서 집에서 이렇게 왔다 갔다 하면 집에서도 잘 안 챙겨 먹어서 내가 애통이 터지는데, 그래도 때 되면 꼭 불러서라도 같이 먹고 하지만 그나마 쬐끔 유지를 하고 있지만, 밖에 촬영하러 몇 박 며칠 진도라도 내려가고 광주 이런 데로 가면 마르는 거야. 그때부터는 전혀 안 챙기는 거야. 옆에서 잔소리할 사람도 없으니까 자기 마음대로지. 그러니까 자기가 하고 싶은 대로 굶고 다니면서 일을 하는 거지. 그러면 사람이 더 비적 말라. 다듬지도 않아가지고 더 그래 보여. 그러니까 영상으로 본 사람들은 정말 그 뭐라 그래요, 그, 그 팬들이라고 해야 되나? 4·16TV 팬들이 있어, 보면. 그분들은 정말 가슴 아파요.

지성 엄마 안명미

그런데 엊그저께 한번 어떤 분이 부산에서 만난 분이거든요? 그분이 정말 우리를 만나려고 그날, 우리 부산에 한번 언젠가 지성이 아빠 발언을 하러 가는데 같이 한 번 간 적이 있어요. 그분이 우리를 만나려고 애가 터지더라고, 그분이 팬이었던 거야. 그래서 한 번 만나고 왔는데, 그분이 이번에 여기 서울에 온 거야. 김관홍, 그 잠수사 때문에. 그런데 지성이 아빠를 보더니 눈물을 철철 흘리는 거야… 그래서 그냥 저렇게 마르셨다고. 그런 분들, 그 정말 마음, 마음을 나타내는 그런 분들, 그런 거 보면은 정말 고맙죠, 정말. 세상 그 무엇보다도 고마운 사람들. 마음을 얻는다는 거 엄청난, 참 그것 또한 행복 아닌가 싶어요. 그것 때문에 4·16TV가 지금 계속 저렇게 돌아가고 있지 않나, 끝나지 않고… 그런가 싶기도 해요.

6
4·16 이후의 관점이나 삶의 태도 변화

면담자   혹시 그 4·16 지나고 나서 관점이나 삶의 태도 같은 게 많이 변하셨다고 생각하세요?

지성 엄마   그렇죠. 예전에 내가 본 세상하고 지금 내가 보는 세상하고 완전히 다르고, 예전에 내가 본 세상은 뭔가 아픈 곳을 바라보지 못했던, 내가 행복해지기 위해서 정면만 봤다 그러면 지금은 아픈 곳을 바라볼 줄 아는 눈이 생긴 거죠. 그 사람들의 아픔이 나한테 느껴지는 거야. 내가 이 이야기를 했는지 모르겠네. 그 서대문형무소 이야기 했나요? 그 서대문형무소에 우리가, 합창단이 갔어요. 그런데 그 서대문형무소 골목, 그런데 거기를 재개발한다고 그 길가 있는 데까지, 뭐라 그럴까, 건물을 짓기 위한 포장을 해 놓은 상태라 거기에 살던 사람들이 바깥으로 쫓겨난 상태잖아요. 그래서 농성을 해야 되는데 농성을 할 데가 딱 그 시내버스 정류장인 거예요. 그래서 거기 사람들이 모이는 곳이기도 하기 때문에 아마 정말 거기다가 해놓지 않았을까? 포장 하나를 딱 해놨는데, 이렇게 길 위에다가 포장을 쳐놓은 거야. 이렇게, 반절은 이렇게 앉을 수 있는 이런 바닥을 해놨어요. 그리고 반절은 사람들이 그 텐트 속으로 사람들이 지나가, 이렇게. 근데 거기를 우리가 가서 노래를 한 번 해주고 위로 공연을 하러 갔죠. 그런데 거기서 그 주인을 만나서 이야기를 듣는데 그 용역 깡패들을 동원해서 자기네들을 몰아내는 그런 수… 소화기 이거를 뿌리면서 달려들고 얼굴에다 막 뿌리면서… 거기 막 마구잡이로 끌어내고 이런 거… 너무 무서웠다는 거야, 정말 정말 무서웠다고. 그리고 막 한 건물에 사람들이 농성하느라고 들어가 있는데, 그거를 다 막 바깥에서 부수고 막 너무 무서웠대. 그게 이렇게 가슴에 와닿는 거야. 저렇게 이 세상이 국민을 살리는 게 아니라 어떤 거기다가 건물을 지음으로 해서 그냥 이익을 얻는 그 단체라고 해야 되나? 어떤 회사라고 해야 되나? 아니면 국가라고 해야 되나? 이런 데서 이익을 얻기 위해서 이 국민이 쓰러지고 막 죽어도 된다는 그 위협감을 느낀 거잖아요.

내가 막 그거를 들으면서 이 가슴에 와닿더라고. "정말 무서웠겠네요" 내가 그랬어. 그런 것들, 그런 것들이 아픔이 느껴져.

한편으로는 이런 생각이 들어요. 이렇게 예전에 나는 행복한 좋은 것만 봤다면, 이런 [아픈] 것만 보면 내 마음이 암울해지지 않을까 이런 걱정도 들기는 해요. '한평생 사는데 즐거운 것만 보고 살아도 모자랄 판에 이런 거를 지금 보고 살아야, 느끼고 막 보고 이러는 내 모습이 정상인가' 이런 생각도 한편으로 또 해지기도 해요. 그리고 김관홍, 그 잠수사 추모식에도 이렇게 가서 있으면서도 '이렇게 아픈 것, 왜 우리는 이렇게 아픈 것만 찾아다니지?' 이런 느낌? '정말 이게 필요한 건데 너무 그쪽으로만 치우쳐 있는 건 아닌가?' 이런 생각도 들기도 하는데 지금 상태에서는 그것만 보여요… 그런 것, 아픈 것, 잘못하고 있는 것, 나라에서… 이런 거만 보이는 거야.

그리고 옛날에는 비난이라는 거에 대해서 싫었거든. 비평을 한다거나 이런 거 되게 싫었어. '왜 이 사람들은, 왜 비평을, 비평가라는 게 왜 생긴 거지?' 이런 생각이 들었는데, 이해가 돼. 이렇게 잘못하고 있는 부분을 지적을 해서 드러내는 걸 해서 그거를 경각심을 주는 거잖아요. 이해가 되더라고, 그런 것들. '그래. 이게 필요한 거구나…' 내가 그래 보니까, "내가 당신들 잘못했습니다. 이거 지금 잘못하고 있잖아요"라고 내가 말을 하고 있드라니까요. 그러면 말하는 내가 좋냐, 좋아서 그 소리를 하냐, 그건 아니거든. 깨달아야 되지 않냐, 그래서 좋게 만들어야 되지 않냐. 나 예전에는 잘못된 거는 이렇게 감추어서 안 보이게 하면 나중에 고쳐지겠거니 이렇게 생각을, 그냥 그렇게 넘어갔어요. 근데 누군가가 빨리 지적을 해주면 빨리 고치잖아. 언젠가 고칠 때까지 기다리면서 있는 거는 너무나 언제 고쳐질지도 모르는 거 아니에요. 그것과 정면 대결해서 싸우면서 50%를 빨리 고치느냐 아니면 썩어, 썩어질 때까지 썩어지다가 진짜 끝장을 본 다음에야 새롭게 다시 태어나느냐, 얼마나 오랜 시간이 걸려요, 그것도 이해를 하게 되고… 내가 살아가야 어떻게 살아야 된다는 거, 정말 사는 것같이 살아야 되는 게 삶이 이제는 '내가 잘 살아야지, 더 이상 허송세월 보내지 말아야지', '이제는 남은 기간이 짧다'는, '지금까지 살아온 날보다 나는 남은 기간이 짧으니까 이 남은 기간이라도 내가 잘 살아야지' 이렇게 변했죠. 소 잃고 외양간 고친다고 (웃음) 아마 내가 그 꼴이 아닌가 싶어요.

면담자   그러면 현재 지금 가장 걱정되는 점이 뭐가 있으세요? 지금 가장 걱정거리?

지성 엄마   지금은 묻혀질까 봐 그게 걱정이에요. 지금은 25일 날 그 다시 작업한다고 그 선수 들기, 그 저기 배 인양하는 거 한다고 25일 날 했다가 또 연기됐거든. 그런 것들… 개정은 해줄 테니까, 그런 이야기 있었죠… 개정을 해줄 테니까 그럼 대통령은 조사하지 말아라… 이런 조건으로 해준다고 했을 때 그런 조건으로는 싫다, 이렇게 지금 하고 있잖아요. 그래서 언젠가는 이게 물론 밝혀지겠지만 빨리 안 되고 있는 부분들이 지금은 걱정스러운 거죠. 그래서 엄마들이, 엄마 아빠들이 지쳐 떨어질까 봐, 그게 가장 우리가 모여 있기만 하면 언제가 되더라도 분명히 밝혀질 건데, 엄마들이 '해도 해도 안 되네' 그러면서 떨어지면 엄마 아빠들이 떨어지면 되게 약해지잖아요, 힘을 잃어가잖아… 그게 가장 걱정이에요. 그러니까 나라도, 나는 그래도 내가 앞장서지는 못하지만 나라도 항상 어딘가에 참여를 하고 있어야겠다.

7
지성이 형제자매들의 근황

면담자　　　지성이 언니들이랑 동생은 지금 어떻게 잘 지내고 있나요?

지성 엄마　　우리는 그래도 다행인 게 처음에는 막 삶의 의욕이 없는 아이들이었거든요. "왜 살아야 되는 거야?" 어떤 열심히 살고 있는데 가버린 애를 보고 왜 살아야 되는지를 애들이 잃었어. 그래서 걱정이 됐어. 그런데 다행히도 우리 아이들이 많아서 지네들끼리 모여서 위로를, 같이 지내면서 애들이 만약에 둘이 있다가 하나였다 그러면 둘이 있다 하나 있는 애들은 뭔가 외로움을 확실하게 느끼잖아요… 나 혼자 있다 그러면. 그런데 우리 아이들은 그래도 형제가 많아서 그래도 지네들끼리 이렇게 지내면서 그 기간을 잘

이겨내고 있다는 거. 다만 걱정인 게 그 속에 있는 트라우마가 언제 나올 건가… 지금은 보이지 않지만 언제 나올 건가, 이게 조금 걱정이 되긴 해요. 지금으로서는 그래도 지네들끼리 지내면서 있는 그 모습이 위로가 되는가 싶어요. 전혀 애들이 활동을 안 해요, 싫어해. 그래도 우리가 가끔 그거를 하지, 너무 활동을 안 하고 그러니까. 근데 뒤에서 봐. 페북이나 이런 데 아빠가 올린 영상이나 지금 어떻게 돌아간다는 거에 대해서는 이렇게 보더라고. 전면에 나서서 나서는 애들은 아니야. 근데 우리 지성이 1주기 때라든가 애 생일 때라든가 이런 때 우리가 데리고 나가요. "애를 위해서 동생을 위해서 우리 다 같이 서명을 나가자" 그럼 저기 어디를 애들을 데리고 나가서 서명[서명운동을] 애들하고 같이 하는데, 또 처음에는 애들이 왜 해야 되는지 그러더니만 지금은 가면은 세워놓으면 잘해. 서명해 달라고 막 소리치고 그런 거 보면 우리가 조금씩, 조금씩 내가 나도 나가서 세상이 이렇게 아픈 거에 대해서 올려요. 애들, 우리 가족방이 카톡방에 있거든요? '아, 애들한테, 아, 알려야 되겠다. 모르면 안 되겠구나' 그래서 그저께도 우리가 또 언젠가 서울에 갔는데 성남시장 지금도 단식 들어갔나요?

면담자　　　그만두셨죠, 최근에.

지성 엄마　　　그만뒀어요? 그때 10일 남겼을 때 내가 마침 거기를 갔어요. 그래서 거기 지금 성남시장 지금 이런 것 때문에 지금 이렇게 금식을 하고 있다 그래서 내가 거기다 올렸죠. 봐라 그랬더니

지성 엄마 안명미

애들이 세상이 이렇구나, 이런 것들을 조금씩 나는 또 암암리에 그걸 막 직접 이걸 가르치려고 그러면 애들이 안 받아들이잖아. 그래서 그런 식으로 알려주기도 하고 그래요.

면담자　　　활동 같은 건 안 한다고 했는데 이야기 이런 것도 안 하나요? 본인들끼리라든가 아니면 부모님, 어머님이나 아버님이랑 같이 관련된 이야기를 한다던가.

지성 엄마　　그것까지는 안 하는 건 아니에요. 우리가 하면 들어요. 또 우리가 가끔 그런 이야기를 하기는 하지만 그렇게 앉아서, 그렇게 그런 이야기를 일부러 꺼내놓고 하지는 않는 것 같고, 그럴 시간이 많지가 또 않아요. 다만 애들이 그런 걸 통해서 그냥 듣는 게 더 많지. 우리가 그 이야기를 내놓고 이야기하고 이런 거는 없는 것 같애.

면담자　　　그러면 지성이 이야기는요? 아이들끼리 하나요?

지성 엄마　　지성이 이야기는 우리가 그냥 처음부터 그 이야기는 했던 것 같애. "지성이는 이걸 잘했어" 이런 거. "지성이가 이건 이렇게 했어, 저렇게 했어" 이런 이야기를 처음부터 많이 했어. 그냥 그 이야기가 한 사람이면은 그게 가슴이 아프겠지만 여러 사람이 앉아서 우리가 이야기하고 그래서 그랬나? 지성이 이야기 나와서 이야기하는 게 싫지 않았어요. 깔깔대고 우리 웃기도 하고 지성이 이야기하면서 우리는 그랬던 것 같은데, 그런데 그 아픔으로 인해서 고통스러운 건 정말 오래가는 아이도 있어요. 그 결혼했다는 아이가 결혼 전에 지성이가 축가를 불러주기로 했는데, 그 위에 바로 연년생 언니하고 둘이 뭔가 맘에 안 들었어. 시집간 언니한테 안 한다 그랬어. 그래 가지고 그 언니한테 되게 혼났지, 결혼 얼마 결혼 며칠 앞두고. 그래서 그게 그러고는 2주 만에 갔잖아요. 그래서 걔가 너무 아파한 거야. 〈비공개〉 지금은 지 애가 생기면서 애가 좋아졌어요. 걔 치다꺼리하느라고 바빠서 그런 생각할 틈이 없는 것 같고. 그때 1년, 그리고 1년은 거의 그거 맞추느라 힘들었어. 또 하나는 바로 연년생도 마찬가지로, 걔도 마찬가지로 그래. 1년 위 학생인데 3학년 초에 그랬잖아, 처음 시험 봐야 될 중간고사 때. 그때 이전에, 며칠 전에 그런 일이 있어 가지고. 〈비공개〉 그런데 걔도 지금 좋아졌죠. 그래도 모르지, 내가 모르는, 그 보이지 않는 뭔가 가 속에 있는지, 계속. 예전에는 애들이 못하거나 내 마음에 안 들 거나 이러면 애들 되게 혼냈다 그러면, 지금은 별로 크게 저거 하는, 저기 하지 않으면 혼내지 않아요. 웬만한 거는 그냥 우리 아들한테도 그래. "게임 그만하고 자지?" 이런 식으로 나가지, 전에처럼 막 나무라듯이 이렇게 안 해. 그렇게 그런 삶, 그런 생각으로 애를 막 이렇게 잡을려고 하면서 교육을 시키는 그 방식이 완전히 없어졌다 그럴까… 내가 애를 똑바로 만들어야지 이렇게 뭔가 교훈적이고 이런 게 싹 없어지고 말을 하더라도 부드럽게 나가고 그렇게… 악다구니는 써가면서 살 필요가 없다는 생각이 드는 거야, 한마디로 이야기해서. 그런 삶은 이제는 필요 없다는, 서로 상처 줘가면서 그게 애한테는 상처잖아요. 그런 상처를 주고 싶은 거가 없다는 거. 크게 봐지는 거지. 그런 면들이 변했어.

8
추구하고자 하는 목표

면담자　　　그럼 앞으로 남은 삶에서 한 가지 추구하고자 하는 목표? 이런 게 있으신지.

지성 엄마　　　목표? 나는 이제는, 내 삶은 우리 이 아이의 일을 통해서 변화되는 이 사회가 됐으면 하는 그런 바람이거든요? 내 남은 인생에서 그게 숙제거든요. 이 아이의 인생을 통해서, 죽음을 통해서, 더 나은 그런 삶으로 바꿔지기를 바라는 마음으로 특별히 내가 다른 걸 한다기보다, 이 아이만 해도 뭔가 이 아이 일만 해도 이미 사회가 변화되어야 된다는 그런 생각을 가지고 있기 때문에 '얘… 아이가 남겨놓은 거를 내가 해야 되겠다'. 분명 나는 지금껏 그냥 살았지만 우리 아이의 죽음을 통해서 이 사회가 정말 정의가 있는 사회가 된다 그러면 더 바랄 게 없는 것 같아. 그리고 이 교육, 나는 이 아이를 통해 정말 여러 가지가 정말 욕심이 많은데, 교육계도 정말 참교육이 있는 현장이었으면 좋겠고, 교회도 살아났으면 좋겠고, 그리고 정말로 제대로 된 거를 가르치, 가르쳐야 되지 않나… 그런 생각을 해요. 최고로 나아져야 될 부분이지. 이 나라가 정의로운 사회로 변화되는 그게 가장 큰 목적이지만 부수적으로

135
·

따라오는 것이 있다면 교회와 언론과 이 교육계가 다 정말 그렇게 된다 그러면 더 바랄 게 없는 거야. 내 인생 잘 살았다고 생각하지 않겠나 싶어요.

오늘 나는 참 '작은 사람'이었거든요⋯ 작은 사람 중에 정말 사도 바오로 있는데 "작은 사람 중에도 작은 사람이다"라고 말을 한 게 마음에 와닿아, 내가 정말 작은 사람이었기 때문에. 근데 내가 변화되고 있다라는 이야기, 내가 생각이 변화를 받았고, 그러면서 내가 외치고 있는 거야. 내가 변화가 돼서 내가 외치고 있잖아. 분명 뜻이 있지 않을까 생각해요, 나 같은 사람을 통해서라도. 우리 지성이는, 기초는 지성이지만 우리 지성이가 나를 변화시켰고, 내가 그 아이의 뜻을 받들어서 이 일을 하고 있지 않나⋯ 그러면 내 인생 잘 살다 가는 것 아닌가 그렇게 생각해요.

면담자   그러면 진상 규명 이런 것은 본인한테 어떤 의미세요? 전망이 어떤 것 같으세요? 진상 규명.

지성 엄마   우리 아이의 죽음을 밝히는 거잖아요. 그거는 첫째, 첫째로 해야죠, 그거는. 이 아이들이 가장 큰 거지. 정말 내가 이루고자 하는 것 중에 1순위예요. 그게 이루어지면 나머지는 이루어진다고 생각을 하는데, 지금 당장에는 쉽지 않겠지만 분명히 하나씩 이렇게⋯ 철근 사건 보셨죠? 그거가 지성이 아빠가 그 배 구조하러 간 사람들이 그 이야기를 했대요. "배에서 화살처럼 물로 쏟아지는 철근들이 있었다". 그런데 해수부 관계자들한테 물어보니까 처음에 절대로 그런 일 없다, 무슨 그런 것이 있냐, H빔 이런 거를 이야기했더니 없다… 최근에 밝혀졌잖아, 절대로 없다 그러더니 그게 밝혀진 거 아니에요. 처음에는 그것 때문에 막 이 섬, 저 섬 다녔거든요, 그거 밝혀낼라고. 나중에 사람들이 입을 다물잖아. 왜? 자기들한테 불이익이니까. 사람들이 입을 다물더라고. 그러고는 그거 묻혀졌는데 다시 그게 드러났잖아요. 그러니까 분명히 시간은 걸릴지 모르지만 다 밝혀지지 않을까. 내 살아 있는 동안에 밝혀졌으면 좋겠고, 되도록 빨리 밝혀졌으면 좋겠지만 분명히 다 밝혀질 거라고 생각해요. 안 그러면 분명히 나는 하나님을 믿는 사람이기 때문에 다 드러나지 않으면 안 되지. 분명히 드러날 거라고 생각을 합니다.

9
지금 지성이를 생각하면 떠오르는 생각

면담자　　　지금 지성이 생각하면 무슨 생각이 가장 먼저 드세요?

지성 엄마　　우리 지성이는… 내가 처음에는 우리 지성이, 그 당시에 아픔을 생각을 했다 그러면 지금은 잘 있지 않을까, 하늘나라에서… 행복하게 이 땅에서의 그 아픔은 잊어버리고 잘 있지 않을까 생각해요. 나야 그 애를 잊어버린 그 슬픔은 정말 속상하고 많지만 분명히 잘 있을 거예요. 그렇지 않을까요? 우리 하나님이 애를 잘, 애들을 잘, 데리고 있을 것 같애. [그럴 것] 같애서 그걸로 나는 위로를 삼아요. 다음에 이 세상에서 내가 못 보고 이 세상에서 그 예쁜 시절을 못 지냈지만 일찍, 일찍 가서 잘 편안하게 그 예쁜 모습 그대로 잘 살고 있을 거라고 생각합니다.

면담자　　　그럴 거예요.

지성 엄마　　　그 정말 우리 아이들이 길이길이 남았으면 좋겠어. 왜 그러냐면 나는 그거를 원해요. 이 아이들이 그냥 잊혀지지, '잊지 않을게' 그 말이 그대로 남아서 그냥 모든 사람들한테 그 마음속에 정말 그 아픔, 아픔이었지만 이제는 이 아이들을 통해서 이 사회가 아름답게 되었다는 거, 걸로 남아서 그래서 그 아이들이 정말 아름답게 이렇게 먼 훗날 비춰졌으면 좋겠다… 엄마, 엄마로서의 소망이지. 나는 정말 그 모습 그대로 그냥, 나야 이 아이하고 이 땅에서 오래 살 수 없지만 내가 간 후에 지 형제들도 있지만, 지 형제들도 어느 순간에는 내 아이를 잊겠지만, 오랫동안 그 아이들의 그 추모비랄지 이런 것들이 있어서 길이 남아서 '이 땅을 아름답게 한 아이들' 이런 제목으로 정말 오랫동안 있었으면 좋겠다 생각해요. 그래서 내가 이거를 한 거예요. 기억에, 사람들 기억에서, 기록에 남아서, 이게 우리 역사책같이 사람들한테 공부가 되어줬으면 하는 그런 마음이, 저는 이거는 내가 흔쾌히 허락을 했던 것 같애.

면담자　　　저희 준비한 질문은 여기까지인데 혹시 더 하시고 싶은 말씀 있으세요? 남기고 싶은 말이 있다면?

지성 엄마　　　네, 너무 많은 일들이 있어 가지고 뭐가 많아. 근데 내가 얼마나 이야기를 할 수 있는 게 있을까 했는데 이야기가 많드라고. 내가 언젠가, 나는 이 길이 잊혀지지가 않아요… 이쪽 길을, 단원고 여기 길… 내가 동사무소에 왔었나 봐. 왔다가 보니까 애가 앞에 있어. 근데 애를 쫓아가는데 애가 얼마나 발이 빠른지 집에까지 오도록 걔를 못 잡았어. 그 기억이 나. 아마 나는 이 길을 잊지 못할 것 같아요. 내가 그 이야기도 했나? 했을걸? 우리 딸 인기가 좋았다는 이야기 했지?

면담자　　　예뻐서 스카우트 이렇게 되고….

지성 엄마　　　거기까지만 이야기 했죠? 우리 딸이 학교에서 그렇게 인기가 좋았다네….

면담자　　　안 하셨어요. 그 이야기.

지성 엄마　　　인기가 너무 좋아서 중학교 때에는 꾸밀 줄 몰랐어. 꾸밀 줄 모르다가 고등학교 올라가면서 약간 여성스럽게 꾸미기 시작을 했는데, 정말 그 학교에서 최고로 잘나가는 남학생이 애보고 사귀자고 그래 가지고 사귀기도 했다네? 그런데 애가 너무 어린, 3학년이 사귀자고 그랬으니까 수준이 안 맞는 거지. 그래서 부담스러워서 그만 만나기로 했고, 그러고는 친구가 중학교 때에부터 지냈던 친구가 있었는데 걔가, 걔도 고등학교 올라오니까 남자애가 된 거야. 그래서 전에는 그 최고로 잘나가는 그 고학년이 사귀고 있으니까 감히 말도 못하고 있다가, 헤어졌다는 이야기 듣고 얘가 바로 "그럼 너 나하고 사귀자" 이렇게 돼서 사귀었는데, 어느 날 비 오는 날 우산까지 받쳐주고 집까지 데려다주고 뒷모습만 봤네. 내가 다리가 되게 가는 남학생이 (웃음) 데려다준 거 본 적이 있어요. 근데 걔하고… 걔하고 사귀는데 걔도 너무 어린 거야. 여자보다 남학생들이 더 어리잖아. 걔는 너무 또 어린 거지. 그래서 걔는 우리 아이한테 우리 아이가 원하는 만큼의 그 남자 친구가 되어주지를 못한 거야. 그래서 그러면 너하고 나하고 이렇게 헤어지자. 나중에 대학교 때 만나자 이렇게 매듭을 지은 것 같애. 그러고는 열심히 스튜어디스가 되기 위해서 공부를, 영어 공부를 하기 시작했잖아요? 그런데 그 남학생이 또 [수학여행을] 같이 갔어. 걔도 못 나왔어. 그래서 걔네 엄마가 그 둘이 그 주고받은 편지가 있었대. 너무 둘이, 너무 순수한 편지들이 막 오고 갔는데 나한테 보여주고 싶어 했었거든. 그 걔네 엄마는 그래도 고마워한 거지, 예쁜 여학생하고 내 아들이 사귀다 간 것에 대해서. 그래 가지고는 핸드폰, 이것도 다 그 카톡 둘이 한 거? 이런 것도 나한테 보여주고 싶어 했거든. 그런데 연락이 없네… 그런데 참, 어쨌든 우리 딸이 그 처음에 그 고등학교 갔을 때는 남학생들이 창문에 막 다닥다닥 붙어 있었대(웃음). 그래 갖고는 막 애들이 그래서 나중에는 다른 반 가서 있다가 쉬는 시간에 있다 오고 그랬다는 거예요.

면담자 　　　이미 유명했나 봐요.

지성 엄마 　　단원고에서 바로 올라오고, 애들 사이에 이쁜 여학생이 있다고 그렇게 소문이 났었대. 그랬어요… 이쁜 딸이었어, 어디다 내놔도 정말 자랑스러운 딸이었는데… 아, 정말 아까운 아이지. 〈비공개〉 정말 사람들이 와서 이렇게 막 사진을 보고 아, 이렇게 이쁜 애들이 갔냐고 울고 가는 사람들이 있다 하더라고요… 정말 그런가 봐. 이번에 간 아이들이 다들 착하고, 예쁘고, 부모, 정말 공부도 잘해가지고 이런 아이들, 이런 아이들이 다 갔으니까. 걔들이 하늘나라에서 또 잘 저거 했으면 좋겠고, 이 땅에서도 그 몫을 했으면 좋겠고… 우리 부모들의 소원일 거야 아마. 그래서, 그래서 지금껏 부모들이 견디고 있지 않나. 아이들을 그 헛되이, 헛되이 보내고 싶지 않은 거지, 그래요….

면담자   감사합니다, 긴 시간 동안.

4회차

2019년 1월 22일

1
시작 인사말

면담자   본 구술증언은 4·16 사건에 대한 참여자들의 경험과 기억을 기록으로 남김으로써 이후 진상 규명 및 역사 기술에 기여하고자 합니다. 지금부터 지성 엄마 안명미의 증언을 시작하겠습니다. 오늘은 2019년 1월 22일이며, 장소는 안산시 단원구에 있는 4·16기억저장소 교육실입니다. 이번이 4차 구술에 해당합니다. 면담자는 김익한이며, 촬영자는 강재성입니다.

면담자   저희 지난번에 1, 2, 3차 구술하시고 시간이 좀 많이 흐르긴 했습니다. 저희가 4·16TV라든지 합창단 활동 등에 대해서 어머님께 좀 더 추가로 이야기를 듣고 싶어서 다시 모시게 됐구요, 응해주셔서 너무 감사합니다.

2
촛불집회 당시 4·16TV 촬영 경험

면담자   우선 저희가 2016년 하면, 제일 기억에 남는 것이 촛불집회였어요. 그리고 촛불집회가 계기가 돼서 새로운 정권이 탄생하는 그런 경험을 저희가 했었죠. 유가족들에게 굉장히 남다른 감회가 있으실 거 같아요. 그래서 그 부분부터 여쭤면 우선 촛불집회는 어떻게 참여를 하셨습니까?

지성 엄마   유가족이 갈 때라든지, 아니면 합창단이 무대에서
해야 될 때라든지 그런 때 참석을 했죠.

면담자   촛불집회 유가족들이 함께 참가하고 할 때는 연락은
어떻게 갔어요?

지성 엄마   반으로 오거든요. 각 반으로 담당하시는 분들이 연
락을 취해요. 그래서 나오라고 그러면 차로 대형 버스로 광화문 가
게 되죠.

면담자   반으로 연락 오는 게 그 전에는 주로 밴드 같은 걸
이용했었잖아요, 핸드폰으로 볼 수 있게. 그런 식으로 그 당시에도
연락이 가고 그랬습니까?

지성 엄마   밴드도 1차 연락을 되구요. 그담에 또 취합할 때는
각 반으로 가죠.

면담자   반으로 간다는 게 핸드폰으로 연락을 해요?

지성 엄마   그렇죠. 핸드폰으로 해서 1반 카톡방이 있어요. 그
러면 카톡방으로 1반 담당하시는 분이 연락이 와서 취합을 하게 되죠.

면담자   1반 대표는 그때 누구였어요?

지성 엄마   그때가 몇 번 바뀌어가지고. 처음에는 수진이 아빠
가 하다가, 몇 년 했어요. 그리고 중간에 잠깐 수연이 아빠가 조
금 하시다가 그다음에 민지 아빠로 갔거든요. 아마 그 당시에만
해도 16년부터 시작을 했으면 처음에는 수진이 아빠가 좀 오랫동

안 했었어요.

면담자   수진이 아빠라고 하면 [가족협의회] 사무처장 하는. (지성 엄마 : 네, 그렇죠) 그럼 그때가 수진이 아빠가 대표를 하셨는지, 아니면 다른 분이 대표를 하셨는지는 확인이 필요하겠네요. 왜냐하면 그때 수진이 아빠가 사무처장을 하고 있었으니까.

지성 엄마   16년도에요? (면담자 : 네) 아, 그래요? 그때, 약간 겸하기도 했었던 거 같거든요. 그 당시에는 누가 마땅히 없어서 처음에는 조금 겸하기도 했던 거 같기도 하고.

면담자   그러면 수진 아빠가 사무처장을 하시면서 1반 대표 역할도 같이 하시고, 연락 같은 걸 올리고 하는 것도 수진 아빠가 주로 진행을 했다고 저희가 이해를 하면 되겠네요. 최순실 사건과 국정 농단의 소식을 어쨌든 뉴스를 통해서 보셨을 거고 유가족들 사이에서도 이런저런 이야기가 있었을 텐데, 처음에 그걸 보고 어떤 느낌이셨어요?

지성 엄마   어이없었죠. '나라가 정말 웃긴다'라는 생각도 했지만, 어떻게 보면 최순실이가 불을 잘 지펴주기도 했죠. 그게 드러나면서, 지금 이제 한참 지나니까 최순실도 잊어버릴 정도네요, 진짜. '이게 나라냐', 그 노래가 있었어요, 그 당시에 그 노래가 나중에 나왔는데, 그 노래가 어쩌면 그렇게 맞는지. 이게 나란가. 우리도 처음에 세월호 보면서 '이게 나란가?' 이렇게 생각을 했는데, 더 깊게 들어가니까 정말 어처구니없는, '어떻게 이럴 수가 있을까?'

말로 할 수 없었죠.

면담자   국정 전반이 지금 말씀하신 대로 상식적으로 이해할 수 없는 수준으로 운영이 됐다는 게 확인이 됐고, 그 국가 운영 안에 세월호 참사가 있었을 거란 말이죠. 그래서 최순실 국정 농단을 보시고 촛불집회에 참석을 하시면서 세월호 참사가 다시 어머니께 해석되고 떠오르고 하셨을 거 같아요.

지성 엄마   뒤에서 최순실이가 박근혜를 조종을 하잖아요. 그때 최순실이가 뭘 봤다 그러나요? 그랬죠, 뭘 보고, 그런 식으로 지시했다고 안 그랬어요? 그래서 저렇게 더 꽉 막혔는지도 모르겠구나… 뒤에서 저렇게. 말도 안 되는… 자기네가 어떻게 좌지우지하려고 하는 것 때문에 세월호를 아주 침몰시키려고 했었구나… 그때 더 그런 생각이 들더라구요.

면담자   1기 특조위까지 그렇게 노력을 했음에도 불구하고 진상 규명이 전혀 이루어지지 않았고, 그런 것에는 우리가 이제 해수부의 방해 공작 이런 게 있었다, 이런 것까지는 알고 있었죠. 그런데 이제 최순실 국정 농단 사건을 바라보면서 그런 모든 일에 청와대가 어떻게 관련되었는지 등도 좀 논의가 되기 시작하지 않았습니까? 유가족들은 그 당시에 주로 어떤 얘기를 하셨는지 간단하게 언급을 해주시면 좋을 거 같습니다.

지성 엄마   제가 4·16TV를 그 당시에 따라다녔을 때인데요. 그 팻말 속에는 "박근혜 탄핵"이라는 글씨가 있었어요. 그 당시만 해도 저는 그 말이, '저거 들어도 되는가?' 그런 생각을 했어요. '카메라로 저걸 찍어도 되나?' 이런 생각을 했어요. 거기까지 생각을 못했기 때문에. 그러면서 배워가는 과정이었던 거 같아요, 사람들이. 저는 아직 그것까진 도달하진 못했을 때였는데, 그 속에서 글씨들을 보면서, 문구들을 보면서 '아, 저런 생각을 가진 사람이 여기 나와 있구나' 이런 눈으로 제가 카메라를 돌리면서 그걸 봤었거든요. 그리고 정말로 그 당시에는 우리가 이렇게까지 나와서 해야 되는 위치가 아닌데 왜 우리가 나와서 이렇게 싸워야 되는가, 알아서 해줘야 되는 상황인데 우리가 나와서 앞자리에 앉아 있어야 되고, 정말 다른 사람들은 뭔가 본인이 되는 그런 입장이 돼버린 상황이 되니까 그때는 하면서도 참 힘들기도 했어요. 우리가 앞에 있어야 되고, 뒤에서 따라올 수 있도록 본이 되고, 또 뒤에서 미는 거 같고… 이래서 어떻게 보면 너무 몰랐던 사람이기 때문에, 정치 돌아가는 거 이런 거. 그리고 강하게 말하고 이런 것들이 잘 몰랐던 사람이기 때문에 그런 거에 조금씩 충격도 받았고 힘도 들었고, 어찌 보면 거기까지 내 마음이 트이지 않은 상태였어요.

점차 점차 그 당시에는 투쟁하는 사람으로 변해가잖아요. 정말 투사가 되는, 저절로 투사가 되는(웃음), 나는 원치 않는데 세상이 우리를 그렇게 만들고 있었던 거죠. 그 당시에 그런, 마음속으로 힘든 것도 있고, 슬픔 속에서 그런 거를 겸해야 되는 상황이 돼서 힘든 것도 있었고. 정말 지치고 그럴 때였죠. 다 같이 탄핵 촛불 나왔을 때는 거진, 우리가 그때 엄청나게 광화문에 올라가고 이런 일,

저런 일 하러 돌아다니고… 아마 그 당시에 지쳐가고 있었어요. 그때 진액이 빠지는 듯한, 그런 과정 속에서 탄핵이 드디어, '탄핵'이라는 문구가, 그때 초창기에 그 문구가 나왔을 때는 이해 못 했지만, 그게 딱 결정을 하고 나니까 다시 힘이 솟더라구요. 지쳐갈 쯤에 다시 '탄핵'이라는 그 하나로, 그래서 뭔가 이뤄냈구나… 전혀 아무것도 되어지지 않은, 우리가 아무리 싸우고 그랬을지라도 뭐 되는 게 하나도 없을 때였거든요. 계속 싸움만 하고 있었거든요. 그런데 어느 날 '탄핵'이라는 그 말이 다시금 일어날 수 있는 힘이 됐다고 할 수 있을 거 같아요.

면담자   탄핵 발표 나는 날, 헌법재판소 앞에 유가족들 많이 오셨었는데 어머니도 혹시 계셨습니까?

지성 엄마   저는 그 자리에 없었어요.

면담자   그러면 지성 아버님만 그날 4·16TV 촬영을 하셨고 어머니는 그때 없으셨군요.

지성 엄마   저는 그날 집안일이 있어서 그날 TV로 보고 있었어요.

면담자   탄핵 결정 날, 물론 많은 국민들이 환호하고 그간에 힘든 과정 때문에 눈물을 흘리기도 했지만, 유가족들이 가장 오열했거든요, 다른 사람들보다. 그 이유는 뭐라고 보십니까?

지성 엄마   그거죠. 계속 힘든 과정 속에서 지쳐 있었던 상태에서 뭔가 물꼬가 트인 듯한 그런 느낌이었기 때문에 아마 그랬을 거고. 플러스, 세월호에 관련된 거는 [탄핵 심판 결정문에] 안 들어갔기 때문에 힘은 들였지만, 앞장은 섰는데, 거기에 세월호에 관련해서 탄핵된 거는 아니어서 그게 또 아팠죠. 아마 그 부분에서는 좋아하면서도 또 울어야 되는 그 과정이었을 거 같아요.

면담자　　　아마 처음 경험이셨을 텐데 4·16TV를 찍으실 때도 그랬고 합창단에 올라서 바라봤을 때도 그렇고, 100만이라는 숫자는 엄청난 숫자거든요. 저 끝이 보이지 않는 사람들이 운집해 있는, 그리고 한목소리로 "박근혜 탄핵"을 외치는 이런 광경을 보셨을 때 어떠셨어요? 처음 경험을 해서 좀 당황스럽고 이러지는 않으셨습니까?

지성 엄마　　　참, 내가 이런 것도 보는구나(웃음). 먼저 얘기했는지 모르겠지만, 제가 처음으로 많은 사람을 본, 가장 기억에 남는 거는, 물대포 쏜 그날이었어요. 많은 사람들이 골목골목에서 광장으로 모여요. 왜냐면 경찰들이 다 지키고 있고 막고 있고 이러니까. 시민들도 이제 머리를 쓰는 거죠. 그래서 여기저기 골목에서 여기저기 단체가 광장으로, 광장에 이어진 도로로 해서 다 모여서 광장으로 들어가는 거죠. 그거를 이제 우리가, 그 당시에 아마 우리는 대학로 그쪽에서 먼저 시작을 했을 거예요. 그러다가 저는 그날, 제가 운전을 그 당시에 잘하지 못했어요. 겨우 배웠어요. 면허증은 있었지만 운전은 안 하다가 제가 그 당시에 지성이 아빠 때문에 운전을 하게 된 거죠. 지성이 아빠한테만 의지해서 오고 가던 길을

저 혼자 할 수밖에 없는 상황이었기 때문에 그날 제가 운전을 도와
줬어요, 그 큰 차를. 그런데 그 차가 광화문 들어가는 물대포 쏘는
그 벽에, 방어벽까지 가야 되는 상황이었어요. 그런데 저 먼 거리
에서부터 그 차가 들어가야 되는 상황이에요. 사람이 앞에 쫙 (팔을
벌리며) 있는데 가야 된다는 거예요. 중앙으로 해서 저 길을 뚫고
들어가야 된다는 거예요(웃음). 정말로 무섭더라구요. 다 사람만
있는데 제가 운전대를 잡고 자기는 저 위에서 카메라를 들고 찍고
있고, 그러니까 천천히 가는 거죠, 초짜가. 그것도 힘들지만, 어쨌
든 저는 운전대를 잡아야 되는 상황이고, 자기는 위에서 그 상황을
찍어야 되는 상황이고, 그래서 뚫고 들어갈 때 무섭기도 하고 내가
차도 없고 사람만 있는 이 거리를 뚫고 들어가야 되는가. 그런데
가야 된다니까 가는 거죠, 할 수 없이(웃음). 가라고 하니까 가는 건
데 올라갈 때 그 사람들이 어떻게 알았는지 "4·16TV!"라고 외쳐주
는 거예요. 그러면서 그 길을 쫙 비켜주고 도와주는 사람도 있고.
그러면서 그 앞에까지 갔던… 그런 시간도 있고요.

거기서 물폭탄을 맞았어요. 끝나고 이걸 상황이 좀, 빠져나가
야 되는 상황이었어요, 옆에서 [백남기] 농민분 쓰러졌을 때. 우리는
이 상황에서 빠져나가야 될 상황이었던 것이, 돌이 투척이 됐어요,
차 위로. 그래 갖고 위에 있는 유리[선루프] 있죠? 그게 와장창 깨졌
었어요. 다행히도 이 사이로 돌이 떨어진 거죠, 유리랑. 다치진 않
았지만 그러면서 서로 [의견] 교환을 해야 되는 거예요, 어디로 빠
져나갈지. 지성이 아빠가 이제 서로 교환을 하는데 막 쏘대요, 저

안에까지 막. 위에서 그렇게 서 있을 때 불안하게 서 있는 과정에서 [물대포를] 쐈으면 큰일 날 뻔했지만 그 상황에서 쏘지는 않았고 내려왔을 때 쏘더라고. 그런 상황도 있었고.

그러고는 언젠가는 방어벽을 뚫고 광화문 저쪽, 대한문? 그쪽이죠? 그런가요? 그쪽도 방어벽이 있었잖아요. 그런데 지성이 아빠는 그 방어벽도 뚫고 그 안에 경찰차 위에 올라가 있는 상태고, 물대포 막 쏘고 이러는데도 카메라 든 사람들하고 같이 그 위에 서 있는 상태고, 나도 그 상황을 지켜봐야 되는 상황이었기 때문에 카메라 한 대를 들고 그 안에 들어가 있는 상황이었어요. 그런데 그 안에서는 경찰이 지시를 하는 거예요. 밑에서, 그 안에서 하고, 경찰들이 저 바깥에서 하고 이런 상황이더만요, 보니까. 저는 그냥 서 있으면 안 되잖아요. 거기 다 잡혀가고 이런 상황이었기 때문에 카메라를 들고 있어야 그나마 안 잡아가는 거예요. 그래서 저는 카메라를 들고 들어가 있는 상황이고, 그래서 거기서 막 사지를 잡고 끌고 오는 사람들을 찍어야 되는 상황이었고… 그런 상황도 생각나고….

그 앞에서, 무대에서 바라본 정말 수많은… 와, 그때는 무슨 힘인지 모르겠어요. 어쨌든 무대에서 서야 되는 상황이었지만, 섰기도 했지만(한숨), 그때는 뭐라고 할까, 기쁨이라고는 말할 수 없지만 이 많은 사람들이 한 사람 한 사람들이 모인 거잖아요. 어디서 다 떼거지로 데려온 건 아니잖아요. 그랬을 때 그때 '아, 이 많은 사람을 얻었구나' 우리만을 위해서 나온 사람은 아니었지만 그래도 이 많은 사람들이 탄핵을 위해서 이렇게 나왔었구나… 나온 거에 대해서… 감사했죠. 정말 우리가 이 많은 사람들을 나올 수 있게, 굉장히 힘들었지만, 그 앞에서 서 있는 거는 힘들었지만, 그 역할을 우리 세월호가 했구나 이런 생각이 뿌듯했어요. 세월호가 이렇게 사람들을 다 나오게 했다는 거, 탄핵을 시키는 데 굉장히 힘을 앞장서서 쏟았다는 거, 이런 부분에 대해서는 굉장히 뿌듯했습니다.

3
촛불혁명 이후 새 정부와 세월호 유가족

면담자   촛불집회 때 항상 노란 옷의 유가족들이 집회에 가장 앞부분에 나오셔서 투쟁을 하는 모습들이 아마 촛불투쟁에 참여한 모든 사람들에게 가장 큰 힘이 되었고, 그 힘이 원동력이 되어서 탄핵을 하고 새 정권이 설 수 있는 그런 토대가 됐다, 이런 해석들을 많이 하셔요. 촛불혁명으로 새 정권이 선거를 통해서 섰는데, 어떤 기대를 하셨어요?

지성 엄마   아, 다 됐구나. '우리가 이제는 그렇게 애쓰지 않아도 우리를 참 잘 아는 이 정부가 잘해주겠지' 그런 생각을 했죠. 그래서 아마 그 투쟁했던 걸 조금 일단은 후퇴를, 좀 '알아서 해주겠지'라는 그런 생각 때문에, 좀 뒤로 잠잠하게 좀 기다려봐야지, 기다려야지, 할 일도 많으신데, 이제 새로운 정부인데 안정이 될 때까지 기다려야지, 이런저런 생각들이, 아마 투쟁했던 그 마음이 좀 가라앉아서 다시 엄마 아빠의 모습으로 조금은 돌아가지 않았나 싶은데… 사실 실망스럽죠. 우리가 원하는 만큼 안 되는 거에 대해서… 금방 될 거 같았는데, 우리의 생각대로. 제가 처음에, 우리가 처음에 아무것도 몰랐을 때 정말 우리가 열심히 영차 영차 하면 뭔가 될 줄 알았던 초창기에, 그때는 그랬잖아요. 정말로 아무것도 몰라서 힘쓰면 뭔가 될 줄 알았는데, 나중에야 이제 '아, 이렇게 이렇게 돼야 이렇게 되는구나'라는 거를 우리가 이제 배우면서… 지금도, 지금 정부에 와서는 우리가 무조건, 물론 해야 되지만, 제가 배운 것이 그거예요. 얌전하게 가만히 있으면 안 된다는 거. 저는 얌전하게 뭔가 주어진 대로 거기의 법에 따르기만 하면 되는 삶이 진정한 삶이라고 생각을 했는데, 우리가 흔히 말하는 동사무소에 가서 큰 소리치고 싸우는 사람들 보면 '아우, 어떻게 저렇게 사람이, 알아서 다 해줄 건데, 왜 저럴까?' 오히려 그 사람을 제가 비난했던… 그런데 지금은 그런 게 아니라는 걸 제가 배웠거든요. 꼭 그렇게만 해서는 되는 게 아니라는걸. 일단은 아닌 거에 대해서는 우리도 소리를 내야 될 줄 아는, 이거를 제가 배웠습니다.

면담자　지금 새 정부에 대해 진상 규명하고 추모 공원 문제 등에 대해서 여러 가지 바람이 있으실 텐데 또 어떠세요? 이 새 정부가 또 했으면 하는 일이 또 있으세요?

지성 엄마　그거는 당연하다고 생각해요. 제2기 특조위가 잘 가

동이 돼서 정말로 우리가 원하는 대로 조사가 잘 이루어졌으면 좋겠고, [생명]안전공원은 당연히 돼야 될 일이고. 지금 뭐 당장은 가장 큰 두 가지예요, 숙제가. 우리가 뭘 더 바라거나 이거는 생각해 보지 못한 거 같아요.

면담자　　　문재인 대통령이 취임 후에 분향소를 방문을 하셨습니까?

지성 엄마　　　취임 후에 안 오셨죠. 취임 후에 제 기억으로는 안 오셨어요. 그때가 몇 주기였나요? 오시기를 바랬잖아요. 그런데 안 오셨어요. 조금 서운했죠. 오실 거 같았는데 안 오신 거에 대한.

면담자　　　왜라고 생각하세요?

지성 엄마　　　저도 잘 모르지만, 뭔가 이런 정치하는 데에 뭔가 자기가 꼭 와야 되는, '오면 좀 문제가 생길 거 같은가? 이런 느낌이 있어서 안 온 건가?' 저는 그런 생각이 들어요. 아니면 올 수도 있는 자리잖아요. 정말로 그 당시에 자기가 단식하면서 했던 그 마음이었다면 왔죠. 그런데 자리가 높아지니까 여기저기 눈치 보고 이러느라고 아마 그 마음이 좀 퇴색되지 않았을까, 그래서 안 오지 않았을까, 저는 그렇게 생각해요.

면담자　　　2014년에 농성 등 할 때 박주민 변호사가 한시도 떨어지지 않고 유가족들 옆에 붙어서 활동을 했고, 이후에 당선이 돼서 국회의원 활동을 하고 있지 않습니까? 비교하긴 좀 그렇습니다만, 어떠세요? 박주민 변호사는 의원이 된 다음에 좀 실망스러운 부분도 있습니까? 아니면 너무너무 잘하고 있다고 보십니까?

지성 엄마   그것도 마찬가지죠. 물론 열심히 일을 하고 있지만 또 그 위치에 올라가니까 자기의 능력으로만은 안 되는, 이쪽도 봐야 되고 이쪽도 봐야 되고, 아마 그래서, 물론 이 사람의 마음은 있다고 생각을 합니다. 이분은 세월호에 대한 마음은 많이 있다고 생각해요. 그렇지만 자기의 능력만 가지고는 쉽지 않은, 넘어야 할 산이 많다는 생각이 들어요.

면담자   그래도 박 의원의 경우는 제2기 특조위가 만들어지는 법안 발의부터 시작해서 4·16과 관련된 일을 국회에서 굉장히 적극적으로 한 건 사실이지 않습니까? 그럼에도 불구하고 전체적으로 보면 좀 아쉬움이 있다, 이렇게 보시나 보죠?

지성 엄마   꼭 그분 탓이라기보다 주위의 상황들이, 세월호를 적극적으로 앞으로 밀고 나갈 수 있는 상황들을, 못 하게 만드는 상황들이 많지 않을까, 그런 생각이 들어요.

4
4·16TV 활동과 가정

면담자   촛불혁명 이후에 새 정부와 세월호 참사와의 관련성에 관한 이야기는 이것으로 정리를 하구요. 어머님 활동하신 것에서 빼놓을 수 없는 게 4·16TV예요. 지성 아버님이 주도를 하시고 계시지만 어머니가 14년 말부터는 4·16TV를 같이 하셨단 말이죠. 기억에 남는 TV 기자로서의 경험이 있으신지요?

지성 엄마　글쎄요. 당장 떠오르는 거는 도보할 때. 그때도 차를 제가 해줬거든요, 운전을 좀 해줬거든요.

면담자　도보라시면 안산에서 진도까지 (지성 엄마 : 네) 도보하신 것을 말씀하시나요?

지성 엄마　제가 처음부터 끝까지는 다 못 했지만 누가 해줄 사람이 없으면 제가 운전을 해줄 수밖에 없는 상황이 돼서, 같이 할 때도 있었구요. 많지만… 글쎄… 특별하게 딱 내세울 거는… 그러네.

면담자　도보 얘기 잠깐 하셨는데 도보 때 어머니 눈에는 유가족들이 어떻게 보였으며, 도보가 진행되면서 각 지역에서 시민들이 물론 완주를 하지는 않지만 중간중간 엄청 합류해서 함께 걷는 것도, 또 연도에서 환영하는 거 이런 것들을 쭉 보셨을 텐데, 어떠셨어요? 도보를 바라볼 때에 어머니 마음속의 느낌은.

지성 엄마　정말 땀 흘려가면서 걸어야 되고, 그 눈보라 속에서도 걸어야 되고, 다리가 아파서 힘들어하는 모습을 보기도 해야 되고(한숨).'우리가 왜 이렇게 걸어야만 되는가', 저는 그 생각이 들더라구요. '왜 이렇게 처절하게, 왜 이렇게 해야만 되는가'. 저도 걷는 거에도 합류를 해봤지만 정말 힘들더라구요. 저는 많이는 못 걸었어요. 허리 디스크, 목 디스크 이런 게 있어서 척추가 좋은 편은 아니라서 많이는 못 걸었지만, 와, 팽목까지 들어가는 길을 정말 너무 힘들더라구요. 정말 지치더라고. 그런데 처음부터 끝까지 완주하신 분들도 있단 말이에요. 대단해 보였어요, 우리 엄마들이. 그 추위에 체육관에, 그 추운데 담요도 아니고 정말 한겨울인데 얇은 거, 준비가 잘 안 된 상태에서 얇은 [이불] 하나씩 갖다주면 정말로 추워 갖고 달달달 떨면서 잤던 그런 기억도 있고. 엄청난 고생을 했는데, 처음에는 '왜 이렇게 걸어야만 되는가… 이렇게 안 걸으면 안 되나' 그런 것들이, 처음에는 그렇더라구요. 물론 우리가 시위하는 하나의 방법이지만 너무 고달프다. '이거는 어떤, 국토 순례 이런 것도 아니고… 그거는 뭔가 뿌듯함을 얻기 위해서 그런 걸 하는 거지만, 우리는 그냥 애 잃고 이렇게 몸까지 망가져 가면서 이렇게 해야만 되나…' 저는 이런 생각을 했어요.

면담자　　　　육안으로 사람들의 움직임을 본다든지, 현장을 본다든지, 지금 말씀하신 것처럼 지성 어머니가 직접 도보를 함께 경험하면서 느끼시는 거하고, 카메라 앵글 안에 잡히는 유가족들의 모습이 조금 달리 느껴질 때가 있습니까? 어떻습니까?

지성 엄마　　　음… 지성이 아빠는 굉장히 다르게 보더라구요. 울고 흐느끼는 장면도 가까이 못 찍는… 자기가 같이 우는, 자기의 우는 모습을 찍는 거 같아서… 그 사람한테, 보통 우리가 카메라맨들 보면 가까이 들이밀잖아요. 그런데 지성이 아빠는 그렇게 못 하더라구. 자기가 울고 있는 듯한 느낌을 가지더라구요. 저는 이제 그렇게 우는 장면은, 뭐 그런 장면은 저도, 제가 [촬영]할 부분은 아니었어요. 저는 그 장면은 못 찍지만 보통 제가 할 수 있는 부분은, 제가 청문회 때 같이 들어와서 했단 말이에요. 그때 엄마들이 울면서 소리치면서 막 이런 모습. 정말 저도 아프더라구요, 그 모습 보니까. 그런데 냉정해져요. 카메라를 들고 있으니까 냉정해져요. 제가 같이 울고 이럴 수가 없더라구요. 그것도 어떤 아픔이더라구요. 나도 저기 가서 앉아서 울고 지금 마음을 내려놓고 울고 싶은데 카메라를 들고 있는 사람은 울지를 못하는 거예요. 그걸 담아야 되는 그런 게 일이라서 울지를 못하는 거예요. 그게 저는 또 저로서는 너무 아프더라구요. 내가 너무 냉정하게 느껴지는… 그런데 저는 또 카메라 하는 걸 도와주면서 제가 또 뿌듯한 거는, 나는 그래도 지금 상황을 내가 담을 수 있는 일을 하고 있구나, 그거였어요. 나는 그냥 보고만 있지는 않았고 이 상황을 일을 하면서 담고 있다, 이런 뿌듯함이 있었어요, 도와주면서.

면담자　　　조금 시간이 앞쪽으로 가기는 합니다만, 2014년 말에 4·16TV를 하는 지성 아빠를 도와줘야겠다고 생각한 계기는 무엇인가요?

지성 엄마　　　음… (웃음) 그 얘기하면… 사실 2014년도에는 참 힘들었어요. 지성이를 잃고 제가 정신을 못 차리고 있는데, 저는 이런 상황이, 저는 너무 평범한 가정주부였기 때문에 이렇게 나가서 싸워야 되고 이런 거에 대해서 내가 적응이 안 되는 상황이었죠.

물론 같이 가야 될 때는 같이 가고, 저도 이제 어쩌다 보니까 국회 앞에서 최초로 금식할 때, 저는 교회에서 기도원에 갔었어요. 그때 상황으로는 이 상황이 너무 이해가 안 돼서, 그때는 하나님에 대해 원망도 너무 많아서 기도원에 따지러 간 거죠. 따지러 갔다가 내려오니까 금식을 한다는 거예요. 그런데 이제 지성이 아빠 말이 "당신은 금식 잘하니까 당신도 거기 가서 하라"고(웃음). 지금 사흘 동안 하고 내려온 사람한테, 저는 단식을 하고 내려왔었거든요. 저한테 지금 그거를 해야 될 사람이 필요하다 그래서 엉겁결에 그냥 거기 앉았어요. 그렇게 돼서 하게 된, 그런 거를 했지만. 같이 청와대 올라가고 이런 거는 했지만, 저는 그 당시에 14년도에는 우울증이 오더라구요. 이런 여러 가지 상황이… 우울증을 겪고 있을 때였어요. 그런데 이 양반은 카메라를 들고 다니고 완전히 거기서 사는 거잖아요. 제가 돌봄을 좀 받아야 될 상황인데 집에 들어오지도 않고 계속 밖에서만 있는… 집에 들어오는 잠깐 잠자러 들어오는 시간 외에는 맘대로, 뭔가 룰이 없는 그런 생활이었어요. 그러니까 제가 이제 애도 애지만, 남편한테서 오는 그 우울감, 그것도 같이 겹쳐가지고 제가 참 힘든 상황이었는데, 그러다가 '저 사람이 집에 못 들어오면 내가, 그렇게 일이 많아서 못 들어오면 내가 가서 좀 도와서, 차라리 내가 옆에 가 있자' 이런 마음이었어요. 그래서 제가 〈나쁜 나라〉 감독, (면담자 : 김진열 감독) 그 감독한테 이제 편집하는 거를 잠깐 배웠어요. 그 나이에 갑자기 컴퓨터도 안 좋아하는 사람이 그거를 배우려니 얼마나 잘 안 되겠어요. 근데 이제 배워서 뭐라도 도와준다고 내가 들어갔다가 같이 하게 된 거죠.

면담자   지성 아버님이 본격적으로 카메라를 드신 게 2014년 7월 말, 8월 말 정도로 (지성 엄마 : 8월 달 아마 그 정도) 네, 그죠? 그 앞에는 이제 김종천 국장 등 여러 사람이 카메라를 들다가 지성 아버님이 드시기 시작한 게 아마 7월 말, 8월 초부터 드시고, 4·16TV라는 이름으로 오픈한 게 아마 8월 며칠인가 그럴 거예요. 지금도 아마 계속 기념 (지성 엄마 : 예, 해요) 종로5가에서. (지성 엄마 : 8월 8일인가) 8월 8일인가 그날 거기서 기념식도 하고 여러 사람들 나와서 노래도 하고 발언도 하고 집회를 하는 걸 저도 몇 번 봤는데요. 어쨌든 8월부터는 지성 아빠 입장에서는 완전히 새로운 삶을 사시기를 시작한 거거든요. 그 새로운 삶에, 어머니는 '남편이 집에 안 들어오니까, 밖에서 새로운 삶을 같이 시작하자'라고 단순화해서 말씀을(웃음), 그런 얘기가 될 텐데. 저는 그 말씀에 굉장히 여러 깊이 있는 의미들이 박혀 있다고 개인적으로 느껴지네요. 그렇게 해서 시작하신 4·16TV가 어떤 의미가 있다고 보세요?

지성 엄마   제가 만약에, 그게 전혀 쓸모가 없는 거라면, 아예 죽자 살자 싸워서 그만하라고 없애라고 했을 건데, 안 했으면 좋겠다고 생각했지만 50%는, 진실을 말해주는 데가 처음에는 없었잖아요. 그리고 지금 이 상황을 사람들에게 빨리 알릴 수 있는 게 없잖아요. 그래서 그만두라고 완전히 그만두라고는 말을 못 하는 거예요. 이쪽을 보면, 우리 세월호를 보면 해야 되겠고, 내 가정을 보면 그만했으면 좋겠고, 이런 상황이었기 때문에 제가 이거를 놓아라 강권적으로 말을 할 수가 없더라구요. 그래서 사람들한테 알리고 이런 부분에 있어서는 이게 필요하구나, 저는 이제 그 생각을 하는 거죠. 제가 그런 생각은 해요. 지성이를 위해서는 이걸 해야 되지만, 사실 나를 위해서는 안 했으면 좋겠다는 게 그거죠. 그렇더라구요(웃음).

면담자   제가 광화문에서 뵌 기억인 거 같은데, 잘 안 하시는데, 한 번 차 위에 올라가지 않으셨어요, 카메라 들고? 제가 먼발치에서 보고 (지성 엄마 : 네, 가끔 그럴 때 있었어요) 깜짝 놀라서 '차 위에 올라가서 카메라를 잡을 분이 아닌데 차 위에 올라가시네' 하고 제가 그걸 보고 놀라기도 하고 되게 감동스럽기도 하고. 그다음에 포즈가 엄청 멋있으셨어요(웃음). 제가 이 얘기를 왜 하냐면 두 분의 새로운 실천, 새로운 삶, 그게 이제는 상당히 많이 정착이 되셨을 거 같아요. 카메라 잡는 것도 익숙해지시고, 집회나 여러 가지 행사가 있을 때마다 쫓아다니시고, 그걸 편집도 하시고, 유튜브 채널을 통해서 지성 아빠 방송도 하시고, 그런 걸 옆에서 보시고. 그게 일반적인 가정생활의 패턴을 무너뜨리잖아요, 어렵게 만들잖아요. 어떠세요? 카메라와 함께하는 지성이 가족의 삶이라는 거는.

지성 엄마   제가 한 2년 정도를 도왔을 거예요. 그러고는 제가 같이 있는 것도 그닥 좋은 건 아니에요(웃음). 같이 있는 것도 막 좋은 건 아니어서 제가 일단은 한발 뺐어요. 지금 상황에서는 그래요. 그러면서 많은, 그 안에, 한 사람의… 저는 초창기 얘기를 하자면, 카메라맨이, 우리가 동거차도 왔다 갔다 할 때였어요. 그러니까 초창기죠. 쫓아다니면서 열심히 찍으시는 분이 계셨어요. 그런데 그분이 거진 거기서 사시더라구요. 그때 지성이 아빠는 카메라를 안 가지고 있을 때였죠. 그런데 내가 그분을 보면서 '저분 가족은 참 힘들겠다', 그분이 자식도 있고 부인도 있었던 분인데, 그분이 자유롭게 카메라 들고 있는 모습은 진짜 멋있었지만, '그분 가족은 참 힘들겠다'는 생각을 했었죠. 저도 마찬가지로 그렇게 될 줄은 몰랐지만 그 생각을 했었던 사람인데, 그걸 실현을 해서 보여줬어요(웃음). 그랬을 때 그 안에, 힘들었어요. 도저히 이해할 수가 없는 상황도 참 많았고 그랬는데, 제가 작년에는 좀 내려놨어요. 지성이 아빠도 이제 자기도 너무 그쪽에만 하기보다는 가정도 봐야겠구나 생각을 했고, 저도 애가 중3짜리가 있었어요. 그래서 저도 아이를 돌봐야겠구나 하는 생각도 했고… 그러면서 여러 가지 생각하면서 '내가 좀 내려놓자, 내 남편으로만 자꾸 끌어다 놓지 말고 내가 조금은, 내가 내려놓자. 그거를 나한테 맞추기를 원하지 말고 내가 좀 내려놓아야겠다' 그런 마음이 들면서 좀 가벼워졌죠.

면담자   아이들이 힘들어하진 않았어요?

지성 엄마   저는 애를 자유롭게 놔줘서 '참 애가 자유롭게 지낸다'라고 생각을 했어요. 걔가 5학년 때 일이 터졌었잖아요. 그런데 '애가 벌써 중3이야' 이러고 제가 [돌보겠다고] 달려들었을 때, 애가

(웃음) "왜들 이래, 지성이한테만 그렇게 매달리더니 왜 갑자기 나한테 왜 이러는 거야? 왜 신경 쓰는 거야?" 이런 말을 했을 때 너무 놀랐어요. 저는 애한테 구속을 안 하고 그동안에 뭔가 지성이로 인해서 생각했던, 애한테 자유로움을 준다고 생각했는데, 오히려 애는 그게 몇 년 동안 엄마 아빠가 자기한테 신경을 안 썼구나라는 부분, 이 부분이 가슴에 있더라구요. 그러면서 오히려 반항하더라구요. "왜 갑자기 나한테 신경 써" 그래서 처음에는 못 받아들이더라구요. 그러더니 지금은 계속 애한테 신경 쓰고 그러니까 어느 정도 시간 되니까 다시 받아들이더라구요. 저 나름대로는 열심히 살았다고 생각했지만, 내 나름대로는 내가 해야 할 일을 했다고 생각을 했지만, 또 한편으로는 애한테 놓친 부분이 있었구나, 이거에 대한 아픔이 있었어요.

5
최근의 4·16합창단 활동

면담자　　　합창단 얘기도 조금만 더 추가를 했으면 좋겠는데요. 목소리가 꾀꼬리셔서 실제로 합창단에서 솔리스트 활동도 하시는데, 노래할 때 어떠세요? 그러니까 일상생활 할 때 하고, 합창단에서 연습할 때나 공연에서 노래하실 때 어떤 마음의 느낌이랄까?

지성 엄마　　　저는 사실 교회에서도 성가대를 하고 있는 사람이기 때문에, 교회에서 할 때는 내가 하나님한테 쓰임을 받는 사람이라고 생각을 하고 성가대를 제가 정말 오랫동안 한 사람인데… 여기서도 저는, 다른 여러 가지 모양으로 사람들이 알리고 있지만 저 또한 합창으로서 세월호를 알리고 있다는 그런 자부심이 있어요. 그래서 굉장히 인간적인, 내 개인적으로는, 내가 굉장히 해야 할 일을 하는 사람, 나도 이 사회의 한 일원으로서 나도 필요한 사람이구나, 아마 그런 마음으로 저는 일이 주어지면 열심히 하는 스타일이라서… 좀 열심히 해요. 설렁설렁 하는 스타일이 아니고 그 일에 있어서만큼은 제가 최선을 다하고 내려온다고 생각을 해요.

면담자　　　일단 연습과 공연을 빠지질 않으시더라구요.

지성 엄마　　그렇죠. 좀 재미없어요(웃음). 한 번씩 빠지고 이래야 되는데. 어떤, 내 일이라고 생각을 하는 거 같아요. 내가 꼭 있어야 할 자리. 이런 스타일이에요.

면담자　　　합창단에서는 뭘 맡고 계세요, 요즘에는?

지성 엄마　　그냥 소프라노지만, 합창단을 이끌어가는 임원 중에 한 사람으로 그런 또 책임이 있어서 그러지 않을까 싶어요.

면담자　　　임원으로서 역할이 무엇입니까?

지성 엄마　　물론 단장님이 계시지만, 지휘자님과 단장님이 먼저 주가 되지만, 어디를 가야 되는 상황이 오면, 여기를 가야 되는지 가지 말아야 되는지를 같이 의논도 하고요. 이제는 합창단도 많이 성장을 해서, 처음에는 정말 맨땅에다 헤딩을 하는 시기였지만, 지금은 구체적으로 1년 예산도 나와서 돕는 데도 있고 해서, 조금씩 많이 성장한 합창단으로 가고 있어서… 저는 옆에서 그냥 보조예요(웃음).

면담자　　　혹시 합창단이 목포 신항에 내려가서 관객을 아무도 부르지 않고 하늘에 있는 아이들을 위한 야외 공연을 한 번 하신 적이 있죠? 촛불 켜놓고. 그때 어떠셨어요? 말로 하자면, 노래로 아이를 만나는 기획을 합창단에서 해서 공연을 했던 것인데, 그때 어머니 마음이 어떠셨습니까?

지성 엄마　　　그때가 아마, 우리가 촛불을 밑에다가, 우리 아이들 하나하나를, 촛불을 켜놓고 리본을 만든 상태에서 노래를 했었거든요. 우리가 보통, '우리 아이들이 별이다, 별이 되었다'라고 했지만, 그날 그 촛불이 별이 된 느낌? 그 아이들을 모아놓고 이 아이들만을 위해서 노래를 해주는 거에 대한, 엄마로서는 참 이 자리에 있는 거가 참 다행이다… 엄마의 역할이 이렇게 해줄 수 있다는 거에 대한… 그런 시간이었어요.

6
세월호 인양 및 선체 활용에 대한 의견

면담자　　　목포 신항 얘기하셔서 짧게 의견만 여쭙는 차원에서 질문을 드리면, 세월호가 목포 신항에 거치돼서 이제는 심지어는 바로 세우기 작업까지 했는데, 그동안 인양이 그렇게 늦어진 이유가 뭐라고 보십니까?

지성 엄마　　　건지고 싶지 않은 거죠. 안 건지고 싶었던 거죠. 그래서 그렇게 정말 엉터리 같은 회사한테 맡겨서 처음 작업도 엉터리로, 제대로 하지도 못하는… 어떻게 그렇게 그럴 수가 있을까, 시간만 끌기, 시간 끌기를 했던 거 같아요, 정부가. 그렇게 빨리 올라올 것을, 진작에 올렸으면 여러 가지 유실도 덜 됐을 거고 그랬을 건데 지금은 정말 보존을 해야 된다고 하지만, 너무 망가져 있는 그 배가, 너무 망가뜨려 놓고 너무 삭아져 있는 배가 돼버렸잖아요. 참… 그렇게 우롱한 거죠, 유가족을.

면담자　　　그 배가 향후에 어떻게 활용되기를 어머니는 개인적으로 원하세요?

지성 엄마　　　왜, 우리 기념관 이런 거 있잖아요. 전쟁기념관, 서대문형무소 이런 식으로 기념관이 있듯이 그게 될 수만 있다면 우리 아이들의 유품이나 그날 있었던 일들을, 영상으로도 보여주더라구요. 제가 전쟁기념관 가서 보니까 그날 있었던 일들을 영상으로도 보여주고, 그날 아이들의 뭐 이런 것들을 전시하면 좋겠다는 생각은 들어요. 그리고 배라는 것 때문에, 오이도 가면 해양… 배가 하나 있더라구요. 그거같이 그 배는 그냥 배 타다가 다 됐으니까 고물 처리하기도 아깝고 하니까 만들어놓은 거겠지만, 우리 세월호는 전 세계가 알고 있는 거기 때문에 그거를 잘 다듬어서 기념관으로 해놓는다면, 어떻게 보면 관광 유치도 할 수 있는 배가 되지 않을까, 그런 생각이 들어요.

7
참사 이후 신앙의 변화

면담자   지성 어머님 하면 또 하나 사람들이 기억하는 것이 정말 신앙심이 깊으신 크리스천으로 다들 기억을 하는데… 조금 불편하실 수도 있겠지만, 제가 조금 부정적인 질문부터 드리면, 지성이를 하늘로 보낸 하나님이 인정이 안 되셨을 거란 말이에요. 처음에 지성이를 잃고 어떠셨어요, 하나님에 대한 생각이?

지성 엄마   음… 글쎄… 배신감(웃음). 배신감이었어요. '어떻게 나한테 이럴 수가' 이런 생각이 들어서. 그렇게 제 인생에 가장 중요한 분이 하나님이셨기 때문에. 내 인생에, 내가 살아가는 목적이 되셨던 분이었기 때문에, 저한테는 굉장히 하나님이 축복하시고 사랑으로 이끌어갈 거라고 생각을 했는데, 저한테 이런 일이… 도저히 이해가 안 갔어요.

면담자   어찌 보면 별로 구별이 안 가는 얘기일 수도 있는데, 하나님은 계시다는, 하나님에 대한 신앙적 믿음은 있는데, '그 하나님이 도대체 왜 나한테 이럴 수가 있어?' 하는 의문하고, '하나님이 존재한다면 이럴 수 없어' 이 두 가지가 약간 다르거든요. 후자는 지성이를 잃고 신앙을 잃어버리는 거고, 전자는 하나님과의 관계의 변화랄까, 이런 차원의 변화거든요. 지성 어머님은 어느 쪽이셨어요? '하나님이 지성이를 잃고도 틀림없이 존재하는 거야'라고는 믿으셨어요? (지성 엄마 : 네) 그래서 더 원망을 하신 거군요?

지성 엄마 　　저는 그거는 지금도 변함이 없더라구요. 왜 그러냐면, 제가 그동안 오랫동안 신앙생활을 해오면서 체험 신앙을 가진 사람이었기 때문에… 제가 '아마 하나님은 계실 거야' 이런 추상적인 생각으로 신앙생활을 했더라면, '아마 나한테 이런 일이 있다는 거는 하나님이 없나 봐' 이렇게 갈 수도 있지만, 저 같은 경우는 그동안에 아이를 기르면서 하나님이 간섭했던 것들, 이런 것들이 있었기 때문에 [하나님이] 없다고 말을 할 수는 없었던 거죠. 다만, 왜 저한테… 정말… 차라리 주시질 말지, 왜 주셨다가 다시 빼앗아 가는가. 그 아이는 제가 앞서 얘기했듯이, 제가 원해서 가진 아이는 아니었기 때문에, 정말 '하나님이 특별히 주신 아이' 이렇게 생각을 했었고. 제가 보기에도 하나님이 주신 아이기 때문에 정말 예쁘고 '특별하게 크겠구나' 하는 이런 생각을 하면서 키웠거든요. 얘한테도 항상 "너는 하나님이 특별히 너를 이 가정에 주신 아이야, 너는 특별한 아이야"라고 제가 걔한테 항상 그런 걸 얘기를 했어요. 그래서 걔도 굉장히 자부심을 가졌죠. 언니들한테도 (웃음) "나는 특별히 이 집에 온 거야" 이런 말을 지가 할 정도였으니까. 그런 말을 해줘서 그랬는지 굉장히 자신감이라고 해야 되나? 그런 게 강했어요. 친구들이 졸업 앨범에도 썼더라구요. "너는 어디서 나오는 자신 감이냐?" 이렇게 말할 정도로 굉장히 자신감이 있던 아이였거든요. 저는 어떤 기대를 했다 그럴까요, 애한테. 저한테 어떤 기쁨이었어요. 커가는 과정 속에서도 예쁘게 애가 컸고, 하는 행동도 저를 웃게 했고. 걔를 보면, 걔 몸짓만 봐도 이쁜 그런 아이였거든요. 수학여행 가서 장기 자랑이 있다고, 몇 명이 모여서 춤 연습을 해갖고 가요. 언니한테 춤을 열심히 배워서. 언니가 춤을 좀 할 줄 아는 애였거든요. 그래서 못해서 혼나면, 배우기는 해야 되겠고, 혼나니까 싫고 하니까 눈물을 안 보일라고 하는 모습도 생각이 나는데… 이뻤어요. [수학여행] 전날까지만 해도 노래 틀어놓고, ○○이 하고 둘이 큰 거울 앞에서 춤추고 있는 모습 보면, 저는 그 모습이 그렇게 좋고 이쁘더라구요. 그렇게 기대를 많이 했었어요.

면담자　　　좀 빠른 질문입니다만, 하나님이 그래서 지성이를 데려간 이유를 이제 납득을 하셨어요? 답을 찾으셨어요?

지성 엄마　　　아니요, 납득을 못 했어요. 그런데 누가 그런 얘기를 하더라구요. 예쁜 꽃이어서… 자그마한 위로를 그 얘기를 듣고 제가 받았는데, "저 화단에 가장 예쁜 꽃을 꺾어다가 집 안에다가 꽂아놓고 싶은 생각이 있지 않았겠느냐. 아마 하나님도 가장 예쁜 꽃을 데려가지 않았을까 이렇게 생각하면 안 되냐" 누군가가 그렇게 얘기를 하더라구요. '그런가?' 또 그런 생각을 했었죠. 그런데 아직도 그거에 대한 해답은… 제가 그렇게 물었건만, 못 들었어요.

면담자　　답을 못 들으신 상태에서는, 과거에 정말 독실한 크리스천으로서의 신앙심과는 달라진 면이, 생각이 변한 거라든지 신앙의 태도나 기도 생활 등이 달라진 것이 있을 것 같은데, 어떤 점이 달라지셨습니까?

지성 엄마　　믿음 생활을 전처럼 진하게 못 하죠. 제가 이런 일을 겪으면서 저는 하나님과는, 물론 제가 배신당한 느낌이라고 그랬지만, 저는 하나님과 소통을 해야 된다는 생각은 변함이 없어요. 그렇지만 이런 일을 겪었을 때에 나라가 전체적으로 모든 사람이 다 본 모습이고, 이 나라가 많이 숨기려고 했던 모습들이 드러났는데도 불구하고 가장 바른길로 간다고 하는 교회가 같이하지 못하고 있는 그 모습을 봤을 때, '교회에서 원하는 신앙생활이 다가 아니구나. 교회에서만 앉아 있는, 밖으로 나오지 못하고 사람들이 교회 안에서만 열심히 하나님만 찾는 그런 신앙생활은 그만하자' 저는 그렇게 생각을 정리를 좀 했었거든요, 그 당시에. 물론 제 생활이 교회와 연관된 삶이 전부였기 때문에 그거에서 나온다는 게 참 어려웠어요. 제 몸에 너무 배어 있고, 제 생각에 너무 깊숙이 들어와 있어서 '내가 과연 이 일을 하는 게 바른길인가'라고 많이 저한테 반문을 했어요. 누구도 그 길을 가르쳐주지 않았죠. 누구도 그렇게 어떻게 하라고 말을 하지 않았어요. 그런데 제가 그런 제 생각을 정리하면서 '교회의 틀 안에만 있지 말자. 이제는 내가 주일날 가서 하나님을 섬기는 건 섬기되, 그 나머지 시간은 정말로 활보를 해야 되겠구나… 제가 이렇게 세월호 때문에 돌아다니면서 집회를 다닌다든가 합창단을 통해서 나간다든가 이런 일로 가야 되겠다, 이제는' 그러면서 많이 잔가지들이 잘려진 상태예요.

8
구술자의 신앙과 지성이

면담자   지금이 1월이니까 한 3개월 지나면 아이를 보낸 세월호 참사 5주기가 됩니다. 저희가 5년을 버티면서 살아왔거든요. 신앙생활도 그중에 하나이긴 하겠습니다만, 첫 1, 2년하고 현재의 지성 어머니, 아버지 또는 지성이네 가족들의 모습이 많이 변했을 거 같아요. 어떤 변화가 느껴지십니까?

지성 엄마   처음 1, 2년은 좀 삭막했죠. 갑자기, 정말 우리는 가족 중심의 가정이었거든요. 애들도 모이는 거를 좋아했어요. 같이 밥상에 둘러앉아서 밥 먹는 이런 시간도 즐거워했고 그랬는데, 그 시간이 갑자기 사라졌잖아요. 따로따로 노는, 이렇게 됐었어요. 그래서 한 1년 후에는 제가 애들을 다시 모으는 그런 작업을 했죠. 힘들었어요. 애들이 뿔뿔이 흩어졌다가 다시 모은다는 게 쉽지 않더라구요. 그 당시만 해도 애들은 신앙적으로도 삐딱삐딱 이런 상황이었고, 교회도 안 가려고 하고. 애들도 상처를 받은 거죠, 어떻게 이럴 수가 있냐는 그런 거였죠. 그래서 애들도 신앙적으로 많이 이렇게[흔들리게] 된 상태인데, 그 아이들을 다시금 가정으로 모으고 다시 신앙생활을, 신앙생활을 안 하는 그 모습으로 가게 하고 싶지는 않았어요. 어쨌든 하나님 안에서는 살아야 된다는 거를 [알려주면서] 저는 아이들을 다시 또 해주고 싶어서 노력을 했구요. 지금은 애들이 많이 좋아졌어요. 물론 예전처럼 돌아가지는 않지만, 그때 반항하고 탈출하려고 했던 아이들 모습은 많이 없어지고 지금은 이제 다시금 굉장히 모이는, 지금 상태로는 그래요.

면담자　　　조금 엉뚱한 질문을 드리면, 지성 아버님이 집에서 기타 치셔요?

지성 엄마　　　예전에는 쳤죠. 지금은 거기서 치는 거 같아요. 4·16TV [사무실]에다가 아예 갖다 놓고.

면담자　　　집에서는 안 치시고?

지성 엄마　　　집에서는 칠 시간이 없어요. 집에 와서는 그렇게 여유 있게 앉아 있지를 않으니까.

면담자　　　아직도 집에 잘 못 들어오시는군요, 일찍은.

지성 엄마　　　그렇죠. 아니, 저녁 먹으러 들어와요. 들어왔다가 다시 또 나가죠. 다시 편집이나, 방송 (면담자 : 예, 방송도 있고 편집도 있고 하니까) 그러면 그 이후로는 또 못 보고, 이렇게 되는 건데. 하나가 올해 겨우 자리를 잡았던 거는, 올해 말에나 겨우 자리를 잡았는데 "일주일에 한 번은 우리가 모이자" 한 번은 모여서 서로 할 말도 하고… 예배로 모여요. 예배 형식으로 모여서 의논돼야 될 거, 해야 할 말들 이런 거는 하자. 이제 이게 잡혀 있어요. 그래서 지성이 아빠가 주도를 해서 하고 있는… 약간의 부드러움이 살짝? 막 뻣뻣해 있던 사람에게 부드러움이 살짝 (웃음) 들어갔다는 느낌이 들어요.

면담자   말하자면 가족 예배 형식으로 일주일에 한 번씩 모이시네요. 지성이가 꿈에 좀 나타나는 편이에요, 어떠세요?

지성 엄마   잘… 요새는 안 나타나네요.

면담자   어머니가 그 전에는 지성이 꿈을 좀 꾸시는 편이군요? 어머니는 꿈을 잘 꾸시고 지성이를 자주 본 편이셨네요?

지성 엄마   지성이가 영… 죽었구나 하는 꿈이 하나 있었어요. 애가 애들을 다 데리고 와서 화장실에서 샤워를 하더라구요. 그런데 문을 통해서 들락날락하지 않더라고. 벽으로 들락날락하더라구요. 그래서 아… 내가 '산 사람은 아니구나'라고 생각을 했죠.

면담자   최근 꿈에 옛날만큼 많이 나타나지 않은 것과도 관련이 되는데, 저도 14년 여름이었는데, 저는 기차 안에서 환시, 환청이랄까… 아이들 깔깔거리는 소리, 터널을 지나는 까만 창에 교복 입은 아이들이 떠오르는 경험을 하고는, 그 이후로 저는 아주 명확하게 아이들의 세계를 믿습니다. 어머니는 지성이가 하늘로 가서 잘 살고 있는 거 같아요? 어떠세요?

지성 엄마   본 적은 없지만, 하나님이 어릴 때부터 간섭하고 사랑해 주셨으니까 아마 그러지 않을까, 그렇게 생각은 합니다. 제가 다만… 물론 이제 그런 거에서도 아직 탈피를 못한 부분이지만, 제가 애들을 신앙적으로 키우려고 참 노력했거든요. 그래서 『성경』도 강제성을 띠어서 읽히고… 주일날 교회 가는 거는 당연히 온 가족이 가야 되고 이런 거 했지만, 애 스스로는 그렇게 신앙이 좋다고 생각은 안 하거든요. 다만 얘가 머리가 커지면서 의문점도 생기고 이런 말을 제가 듣기도 했으니깐요. 제가 기억이 나는 거는, 그런 얘기를 한 적이 있어요. "엄마, 나는 소원이 있는데, 내가 하늘나라에 한번 가보고 싶어" 이런 말을 한 게 기억이 나요. 그래서 가끔 떠오르는 게 '아휴, 그놈이 그런 말을 하더니, 정말로 하늘나라에 갔는가 보다' 생각이 들어요.

면담자   이제 마지막 질문인데요, 하늘로 간 지성이와 어머니는 앞으로도 긴 세월을 살아가실 텐데, 어떻게 지성이를 만나며, 어떤 느낌의 삶이랄까? 그런 것들을 살아가고 싶으신지, 그런 얘기를 편안하게 해주시면 좋을 거 같습니다.

지성 엄마   (느린 어조로) 제 지금의 삶은 어찌 보면 지성이로 인해서 산 삶이라고 생각을 해요. 우리 지성이로 인해서… 지금 제가… 여러 가지 누리고 있는 것도 또한 지성이로 인해서 사는 거라고 생각을 하거든요. 정말 나의 삶 자체가 지성이를 밑바탕에 깔아져 있는 삶이라서… 정말로 얘는 잊을 수가… 어떻게 잊어볼 수가 없는 애고, 가끔 제가 처음 그렇게 가슴 아프게 얘를 보고 싶어 하고 그 애통한 마음이 예전처럼 그렇게 안 된 상황에서 가끔 크게 슬플 때가 있어요. 저는 차를 끌고 가다가도 중얼중얼… 불현듯 생각이 나면 얘기를 해요. 지성이로 인해서 정말 슬프게 살았지만 그렇다고… 그렇게 우울하게 살지 않게 해달라고, 그래도 지성이로 인해서 그래도 밝게도 살게 해달라고, 그렇게 제가 가끔 중얼거리고 지내거든요. 가끔 잊어버릴… 약간 희미해져 갈 때는 안에서 죄책감이 올라와요…. 꼭 기억하고 살 수밖에 없는 딸이고, 모든 일에 지성이가 생각나잖아요. 어디에 가거나 무슨 일이 있거나, 가끔 가슴이 아리아리하죠.

면담자   4차 구술도 굉장히 오랜 시간을 말씀해 주셨어요. 저희가 1, 2, 3차 구술하고 상당히 시간이 많이 흐른 상태에서 마지막으로 다시 4차 구술을 했는데요. 5년이 지난 지금에 어머니의 생각에 대한 여러 가지 얘기들이 감동스러웠고 많은 분들이 어머니의 증언을 들을 거고 4·16 참사에 대한 생각도 다시 하게 되고. 인간의 삶, 자신의 삶에 대해서도 돌아보는 그런 중요한 계기가 되지 않았을까 생각을 합니다. 감사합니다.

4·16구술증언록 단원고 2학년 1반 제4권

그날을 말하다 지성 엄마 안명미

ⓒ 4·16기억저장소, 2019

기획 편집 4·16기억저장소 ㅣ **지원 협조** (사)4·16세월호참사가족협의회
펴낸이 김종수 ㅣ **펴낸곳** 한울엠플러스(주)
초판 1쇄 인쇄 2019년 4월 1일 ㅣ **초판 1쇄 발행** 2019년 4월 16일
주소 10881 경기도 파주시 광인사길 153 한울시소빌딩 3층
전화 031-955-0655 ㅣ **팩스** 031-955-0656 ㅣ **홈페이지** www.hanulmplus.kr
등록번호 제406-2015-000143호

Printed in Korea.
ISBN 978-89-460-6704-2 04300
        978-89-460-6700-4 (세트)
* 책값은 겉표지에 표시되어 있습니다.